THE PRACTICE OF COGNITIVE THERAPY
from the viewpoint of integration
Theory, technique, and therapeutic relationship

統合的観点から見た

認知療法の実践

理論，技法，治療関係

東　斉彰 著

岩崎学術出版社

序　文

　2011年9月に予定されている第11回日本認知療法学会は，久しぶりに関西での開催となる。今回の大会長を務められる東斉彰先生は，1年に満たない短い準備期間に追われ，おそらくは西に東に奔走され，病院での日々の臨床活動を終えられると，もはや著述に向かう時間は限られていたことであろう。そこに，岩崎学術出版社からの序文執筆の依頼があった。本書の原稿に目を通しながら，正直，驚嘆している。時間管理の妙を求めて，先生の手帳を拝見したい欲求に駆られるが，もちろん許されることではない。次々と押し寄せる事どもの間を縫って，多忙に押しつぶされることなく，むしろ"Things to Do"の長いリストを糧にして，本書は産声をあげようとしているかのようである。

　先生とは，小生が主宰する京都での認知行動療法を学ぶ会でお目にかかったのが最初であろうか。たしか，大阪心理療法センター所長をしておられたころであったと記憶している。爾来，日本認知療法学会，その前身である日本認知療法研究会など，複数の研究会・学会でご一緒する機会があった。近年は，関西認知療法研究会を立ち上げられ，認知療法の教育・普及にも精力を注いでおられる。先生たちがラザラス（Arnold A. Lazarus）のマルチモード療法を翻訳された折には，訳書（高石昇監訳，東斉彰・大塚美和子・川島恵美訳『行動療法の展開　マルチモード・アプローチ』）を頂戴したことがある。一時期，九州大学医学部附属病院心療内科で勤務されていたが，大阪の財団法人住友病院臨床心理科に帰ってこられて以降は，臨床をもっぱらにしておられる。岩崎学術出版社から先ごろ出版された『パーソナリティ障害の認知療法――ケースから学ぶ臨床の実際』には，「不安性(回避性)パーソ

ナリティ障害の認知療法——自責と拒絶の怖れを訴える女性への，認知的概念化と介入」をご執筆いただくことができた．大学ではなく，総合病院において日々患者・クライエントに関わっておられることが重要であり，臨床心理学の最前線での知見を活字化することに長けた貴重な存在，それが先生である．

本書の「はじめに」で述べられているように，本書の特徴は，治療関係と心理療法の統合にある．これらは東先生独特のアジェンダであり，日ごろから折に触れて話しておられた事柄である．

第4章「認知療法の介入技法」では，感情的(体験的)技法を取り上げることによって，認知療法の技法の幅を拡大し，心理療法の統合に向けた試みがなされている．認知療法や認知行動療法に関心をもつ臨床家は認知と行動だけに目を奪われがちである．本書では，イメージを中心とした介入の過程で感情が生き生きと再現され，そして緩和される様子が，具体的なケースの記述により明瞭に示されている．このイメージ対話技法とゲシュタルト療法のワークとの類似性に関する言及も興味深い．

第5章には，認知療法では論じられることの少ない治療関係が詳述されている．治療関係は心理療法一般の非特異的要素として看過されがちである．ところが，認知療法に特異的な治療関係が存在する，と先生は主張しておられる．斬新な視点である．その鍵概念については，今は述べずにおきたい．ページを繰るとともに，諸氏は自ら読み解く楽しみに出合うことになるだろう．

最後に，第7章において認知療法が統合的な心理療法であることが論じられる．100年あまりの現代心理療法の系譜が，精神分析療法，行動療法，クライエント中心療法から，交流分析療法，論理情動行動療法，フォーカシング指向心理療法を経て，家族療法，ブリーフセラピー，そしてナラティブセラピー，マインドフルネスに至るまで，わかりやすく展望されている．歴史の中に，現在と未来を見ることができそうである．

これらの潮流の一方で，アメリカを中心に明瞭になってきた統合・折衷的心理療法が，理論統合アプローチ，技法折衷アプローチ，共通要因アプロー

チ，同化的統合アプローチに分類され，論じられる。

　そして，議論は統合的方法としての認知療法に至る。精神分析療法，行動療法，クライエント中心療法などとの関係に続いて，認知療法の統合性が複数の視点から主張される。かつてベック（Aaron T. Beck）はアルフォード（Brad A. Alford）との共著で『認知療法の統合力（"The Integrative Power of Cognitive Therapy"）』を出版している。本書と読み比べてみたい思いに誘われる。

　これらの各章は読み応えのあるものであり，いずれも熟考され，真摯な持続性をもって提案されている，先生独自の視点である。

　最後に，本書に序文を執筆する機会を与えられ，大変感謝している。認知療法にまだ触れたことのない心理系大学院学生にはじまり，認知療法を学び始めて間のない保健医療福祉や学校教育の専門職から，すでに臨床経験を十分に積んできたと自認する認知療法家まで，あらゆる読者諸氏のそれぞれに，「認知療法の道」を示してくれる好著の船出を祝いたい。

　2011年，夏の海を遠望しつつ

　　　　　　　　　日本認知療法学会幹事・事務局長　　井上　和臣

はじめに

　いわゆる心理療法が用いられだしたのは，フロイト（Freud, S.）の時代からとすると100年あまり，ベック（Beck, A. T.）が認知療法を提唱してから40年ほど，そして日本にベックの認知療法が紹介，導入されてからまだ15年ほどである。それがまたたく間に日本の心理療法界に浸透し，心理療法の主流になろうとする勢いである。我が国の心理療法の世界も大きな転換期を迎えている。

　認知療法は1960年代後半にベックによって初めて提唱された。ベックは初め精神分析の訓練を受け，その研究を行っているうちに精神分析の理論と方法に疑問をもち，自動思考というかたちで認知に注目して，認知を変容することでうつなどの感情障害を治療しようと考えた。一方，認知療法に先立って1940年代から学習理論を応用した行動療法が起こり，技法の発展と臨床的広がりを見せながら今日に至っており，急進的な行動療法を除いて，現在では認知的側面も取り入れて認知行動療法として完成している。今のところ日本では，ユーザーも専門家も，認知療法といえば後者の立場，つまり行動療法の発展としての認知行動療法を指している状況であり，ベックの方法をあまり意識せずに用いているきらいがあるのではないだろうか。

　もともと我が国では，心理療法やカウンセリングといえば，ロジャーズ（Rogers, C. R.）の提唱したクライエント中心療法，あるいはフロイトの精神分析療法，ユング心理学といった受容的，ないし洞察的療法が主流であった。1980年代後半からは新しいパラダイムとして家族療法（システムズ・アプローチ）が輸入され，ブリーフセラピーへと発展して現在も続いている。そして1990年代前半，ベックの同僚であるフリーマン（Freeman, A.）が

初めて日本で認知療法のワークショップを行い，それから15年あまりを経て一大勢力へと発展し，それとともに行動療法の側でも認知的要因の取り込みが始まり，認知行動療法が台頭したという経緯がある。日本の心理療法は，ロジャーズ，フロイト，ユング（Jung, C. G.）の時代から，たった15年あまりで行動的方法へと変貌を遂げたのだろうか？

いくら模倣が得意で変わり身の早い日本人でも，まさかそれほど早いパラダイム転換はありえないだろう。世界的規模でIT化が起こり，欧米での学問や臨床の動きがほぼリアルタイムで日本でもアクセスできるようになった。現在世界的に活躍している臨床家や研究者を学会に呼ぶ機会も多くなり，講演会場でも通訳を介さずに英語で演者の講演内容を理解している聴衆が多いことに驚かされる。世界最新の理論と技法をいち早く取り入れようという姿勢を感じるが，日本人特有の文化的特性が急に変貌したわけではない。

一方，学習心理学を基礎理論とする行動療法は，欧米では1950年前後から始まり，その後アメリカ，イギリスを中心に心理療法の中心を占めるようになった。日本には1960年前後に輸入され，基礎心理学（特に学習理論）を学んだ臨床家の間で適用され始め，精神分析やクライエント中心療法とは一線を画して研究と臨床実践が行われた。ベックの認知療法が日本でも紹介され始めた1980年代から，行動療法の内部でも媒介要因としての認知が取り入れられ始め，「認知は行動か？」というセンセーショナルな議論を経て，次第に"認知行動療法"として，行動論的枠組みの中で認知的要因を取り込んだかたちで収斂していった。

現在日本では，日本認知療法学会と日本行動療法学会が存在する。当初はそれぞれの学会がまったく別の枠組みで独自に運営していたが，2008年に初めて共同開催というかたちで大会が開かれ，近年では両学会の統合が議論されるようになった。そして統合に賛成する会員が多数との調査結果が出たが，2011年現在いまだ統合されずに至っている。はたして認知療法と行動療法は統合されて認知行動療法（行動認知療法？）となるのか，あるいはそれぞれが独立した方法として別々の道を歩むのか。本書はそのような疑問へ

の回答ともなりえるかもしれない。

　ここで本書の構成について簡単に述べておきたい。第1章では，現在の認知療法が成立するまでの経緯を追う。認知療法以前の心理療法の発展から，認知療法の考え方が生まれ，洗練されていくまでの経過を概観する。そして認知療法の理論，技法，方法について説明し，その概念をまとめておく。また，認知療法の考え方の基礎をなす3つの視点，すなわち認知論的視点，力動論的視点，行動論的視点を紹介し，どのような認識論から認知療法が成立し，発展してきたのかを明確にしておきたい。

　第2章からは実際の認知療法の方法について述べていく。まず第2章では，認知療法の特徴の一つである治療の構造化について，目標設定やアセスメント，治療介入といったセッションの展開の仕方，および心理教育やアジェンダ設定，ホームワークなどのセッション内での進め方について説明する。第3章ではアセスメントの方法を聴き方（ソクラテス式質問法），認知，思考（自動思考，媒介信念，中核信念，スキーマ）のとらえ方，認知概念化の順に提示する。第4章では，認知療法で適用される技法として，認知的技法，行動的技法，感情的（体験的）技法に大別し，それぞれ詳述する。従来の認知療法のテキストでは認知的技法と行動的技法のみが取り上げられることがほとんどであるが，本書ではそれに加えて感情的（体験的）技法を併せて述べ，技法の幅を広げて統合的な見地からまとめてみたい。第5章は，認知療法には非特異的要因である治療関係について取り上げる。まず，一般的な心理療法において治療関係はどのように用いられるのかについて概観し，次いで認知療法に特異的な治療関係を考察する。この章は，前述のように他の認知療法テキストにはほとんど取り上げられない内容で，本書の特徴であり中心的なトピックであるので熟読してほしい。第6章は実際の認知療法の実践例として症例をあげた。認知療法が最も効果を表すとされるうつ病の症例を筆頭に，パニック障害，強迫性障害と進め，治療が難しいとされるパーソナリティー障害まで取り上げる。第7章では，第6章までの認知療法の紹介を受けて，従来の心理療法の中で認知療法がどのような位置を占めるのかを論

じる。精神分析療法以降の様々な心理療法の簡単な紹介をして，それらが時代とともに統合的，折衷的にまとめられてきたことを踏まえて，認知療法が優れて統合的な治療法であることを示したい。

　また巻末に，認知療法の学び方を付録としてあげた。書籍による学習やスーパービジョンを通して，より有効な認知療法の学習法を示しておいた。読者の今後の学習の参考としてほしい。

目　次

序　文　*i*
はじめに　*v*

第1章　認知療法の考え方——成立と理論　*1*
1. 認知療法以前　*1*
2. 認知療法の成立　*3*
3. 認知療法の概念——理論，技法，方法　*4*
4. 認知療法の考え方　*15*

第2章　セッションの進め方——認知療法セッションを構造化する　*21*
1. 認知療法セッションの目標　*21*
2. セッション展開における構造化　*23*
3. セッション内の構造化　*29*

第3章　認知アセスメント　*33*
1. 認知療法の聞き方——ソクラテス式質問法　*33*
2. 自動思考，信念，スキーマのとらえ方　*37*
3. 認知モデルによる概念化　*46*

第4章　認知療法の介入技法　*51*
1. 認知的技法　*51*
2. 行動的技法　*61*

3. 感情的(体験的)技法　*65*

第5章　認知療法における治療関係　*75*
　1. 一般的な心理療法における治療関係　*75*
　2. 認知療法における治療関係　*86*

第6章　認知療法を実践的に使う──症例を通して　*99*
　1. うつ病　*100*
　2. パニック障害（空間恐怖）　*102*
　3. 強迫性障害　*105*
　4. パーソナリティー障害　*109*
　5. その他の精神疾患　*113*

第7章　心理療法の中の認知療法──統合的方法としての認知療法　*117*
　1. 従来の心理療法の概観　*118*
　2. 現代の心理療法　*125*
　3. 統合・折衷的観点の心理療法　*126*
　4. 統合的方法としての認知療法　*133*

おわりに　*147*
参考文献　*149*
付　録　認知療法の学び方　*157*
あとがき　*163*
人名索引　*167*
事項索引　*168*

第 1 章

認知療法の考え方
―― 成立と理論 ――

1. 認知療法以前

　心理療法の起源は通常，1900年前後に成立した精神分析療法であるとされる。フロイト（Freud, S.）はそれまで用いていた催眠療法を捨て，自由連想法を導入することによりクライエント[注1]の無意識過程を探索し，転移や防衛の解釈を与えることで力動的な心理過程の再構成をすることを治療の主眼とした（Freud, 1916-17）。

　解剖学という基礎医学，あるいは生物学という科学的方法から出発したフロイトは，心理療法にも物理学や生物学といった科学の比喩を用いて体系化したということで，当時の神秘的，オカルト的な心理治療から公共的，アカデミックな方法への変貌は歓迎され，以降50年以上にわたり心理療法の中心的な位置を占め続けた。

　一方，精神分析の流れとは別に，1920年頃に起こった行動主義の応用として行動療法が成立した。行動療法は，ヴント（Wundt, W. M.）に起源をもつ実験心理学やアメリカで起こった機能主義心理学を科学的心理学に発展させた学習心理学の応用としての性格をもっており，心（意識）というものは存在せず（ブラックボックスとして），生活体に入力される刺激と，その結果出力される反応のみを取り上げ，心理学の目的はそれらの予測と制

注1）カウンセリングや精神科診療では，心理療法を受ける人についてクライエント，患者，ユーザーなど様々な言い方をするが，ここではクライエントと統一して呼ぶこととする。

御（Watson, 1913）にあるとした。その基礎をなすレスポンデント条件づけとオペラント条件づけの相違によって治療理論と技法は若干相違するが、その後も行動療法として一つの体系をなし、今日まで発展している。最近では（2011年現在）応用行動分析[注2]として随伴性が行動療法の考え方の中心となっており、一方東洋的な瞑想が起源となるマインドフルネス（126頁を参照）を取り入れた方法が急激に行動療法の世界を席巻しているが、詳細は成書に譲りたい（Segal et al., 2002; Luoma et al., 2007）。

　精神分析療法と行動療法という対照的な治療法に対して第三勢力として台頭してきたのがロジャーズ（Rogers, C. R.）のクライエント中心療法である。ロジャーズは人間の心理を自我や刺激－反応の関係ではなく自己としてとらえ、自己実現に向かって発展するようにセラピストは受容的、共感的な応答を試みるとした。このような方法は、クライエント中心療法の理論的治癒機転や技法を超えて、治療関係の重要性を示すものとして他の治療法でもたびたび取り上げられるようになっている。

　以上の精神分析療法、行動療法、クライエント中心療法が心理療法の三大治療法であるが、その後も多くの心理療法が開発されてきた。時代順に主なものをあげると、交流分析療法、論理情動行動療法、システムズ・アプローチ、フォーカシング指向心理療法、ブリーフセラピー、ナラティブセラピーなどになるだろう。いずれの療法も、上記の三大治療法の要素を統合したり折衷したり同化したりしたものと言えるだろう。このうち、認知療法に関係が深いのは精神分析療法と行動療法である。その経過については次節以降に述べていく。

注2）スキナー（Skinner, B. F.）のオペラント条件づけ理論を臨床に応用した立場。先行刺激、反応（行動）、環境の変化の3つの要因の関係（3項随伴性）を分析し、制御することにより不適応行動を修正する方法。

2. 認知療法の成立

　1953年に精神科医となったベック（Beck, A. T.）は，フィラデルフィア精神分析研究所での研修を1958年に終え，翌1959年にペンシルバニア大学医学部に奉職している（Weishaar, 1993）。精神分析療法の治療者，研究者として出発したベックは，最初うつ病者の夢の研究に着手した。フロイトの精神分析的仮説によると，うつ症状は敵意や攻撃性が反転して自己へ向けられたものとされている（Freud, 1917）。当初より精神分析の科学的根拠に疑問を抱いていたベックは，同大学の心理学者からの示唆を積極的に求め，実験心理学の手法を用い研究を進め，うつ病者は敵意や攻撃性を自分に向けるという仮説に対して否定的な結果を得た。そして，患者の無意識を仮定する必要はなく，覚醒時の自己観が夢のテーマに組み込まれていること，自分自身や環境や将来に対してネガティブな考えを抱いているのだと結論づけた。そして，普段は意識されないがセラピストの質問によって言語となって表れる思考を自動思考と呼び，それを変容していくことがうつ病を初めとする情緒障害の治療につながっていくことを明らかにした。

　一方，アカデミックな心理学の分野では，それまで隆盛を誇っていた行動主義から，人間の情報処理メカニズムの解明や内的な知識表現を明らかにするといった研究（Miller, 1956; Neisser, 1967）が起こり，認知革命と呼ばれる大きなムーブメントへと移行した（Gardner, 1985; Barrs, 1986）。ベックの認知モデル（6頁を参照）は心理学でいう認知心理学の理論モデルとほとんど同じであるが，ベックが直接認知心理学を援用したり，臨床に応用したわけではない（Rachman, 1997）。事実，ベックが『認知療法——精神療法の新しい発展』（Beck, 1976）を書いたのは，後に認知的要因について行動療法に大きな影響を与えたバンデューラ（Bandura, A.）の社会的学習理論（Bandura, 1977）より前であった。

　では，行動療法自体への認知的要因の影響はどのようなものだろうか。行動療法はその成立当時はS-R主義（刺激‐反応理論）と称して，生活体の

内部はブラックボックスであるとして，入力された刺激と生活体から出力された反応の関係のみを取り扱い，それを予測し制御することが治療目的とされた（Watson, 1913）。行動療法の基礎理論は学習心理学であるが，それは大きくレスポンデント条件づけとオペラント条件づけに大別され，前者からは系統的脱感作法（Wolpe, 1958），後者からはオペラント条件づけ法（Skinner, 1953）が代表的な技法として発展した。その後はトールマン（Tolman, E. Ch.）が媒介反応を想定して実験的研究を行った例（Tolman, 1932）はあるが，基礎心理学としての学習心理学はS-R主義を踏襲しているといえるだろう。その応用としての行動療法に初めて認知的要因が導入されたのは，コーテラ（Cautela, J. R.）の潜在的感作法（Cautela, 1970）である。彼は顕在的な刺激 – 反応要因とは別に，ネガティブな反応に拮抗して条件づけられる刺激や嫌悪的な事象を心像として想像させる手続きにより，禁煙などの制御を行った。

　行動療法に認知的要因を導入した第一人者はバンデューラであろう。バンデューラは，人は単に刺激に反応しているのではなく，刺激を解釈しているのであり，刺激が行動に影響するのは予期機能によるものであると考えた（Bandura, 1977）。そして，様々な行動や情動などが他者の行動を見ることによって学習されるプロセスを実験的に例証し，それをモデリング理論と名づけて，刺激と反応の制御だけでなく，内的事象としてのイメージや思考の役割を重視し，それらが行動をコントロールする意義をもたらしたのである。ベックの認知療法は，バンデューラのモデリング理論をそのまま採用したわけではないが，今日のいわゆる認知行動療法にはバンデューラの理論が非常に大きく影響しているといっていいだろう。

3. 認知療法の概念——理論，技法，方法

1. 認知療法の考え方

　従来の様々な心理療法と比較して，認知療法の特徴をあげると以下のよう

になるだろう（Beck, 1995）。

・常識的な視点からなされる"コモンセンス"の心理療法である
　認知療法は日常的に扱われる思考（認知）を扱うので，誰にもわかりやすく常識的に理解しやすい特徴がある。精神分析療法のように深層心理を扱うのではなく，行動療法のように表層的でもなく，人間性心理学のようにヒューマニスティックすぎることもない。治療，相談に訪れるクライエントのように，専門家ではなく一般的な人々に受け入れられやすい方法といえるだろう。

・認知のパタンに関する理論的仮説を根拠とする
　ある状況に対する認知（思考やイメージ）が感情や行動を決定するという認知モデル（6頁を参照）を理論的根拠としている。精神分析療法やクライエント中心療法などと比較して，治癒機転が非常に明確でシンプルであり，理解しやすく様々な症例にも容易に適応可能であるといえる。

・認知のパタンを修正することにより治療効果を得る
　ある状況に対する認知が，感情や行動を決定する。この認知のパタンをアセスメントし変容することによって，問題となるネガティブな感情や不適応的な行動を改善し，治療効果を得る。

・セルフヘルプの心理療法である
　認知療法は，初期の段階でクライエントに認知モデルを教え（心理教育），それを理解させながらセッションを進める。後述のソクラテス式質問法（14頁を参照）によって認知の変容を促してゆくが，次第にクライエント自らが自己の問題に認知モデルを適用し，認知変容を図れるようになっていく。そして治療が終了した後には，クライエント自身が自らの認知療法家となることが最終的な目標となる。

・有効性が確認（実証）されている心理療法である

　アメリカ心理学会の臨床心理学部会は1993年,「十分に確立された治療法」と「おそらく効果がある治療法」の基準を設け,疾患別にそれらを満たす治療法を公表している（Crits-Christoph et al., 1995）。それによると,前者ではベックの認知療法（うつ病）,行動療法（頭痛や性障害）,認知行動療法（慢性疼痛,パニック障害,全般性不安障害）,エクスポージャー法（パニック障害）,家族教育プログラム（統合失調症）,対人関係療法（過食症,うつ病）などがあがり,後者では応用弛緩訓練（パニック障害）,短期力動療法（特定の対象疾患なし）,弁証法的行動療法（境界性パーソナリティー障害）などがあがっている。ここで「十分に確立された治療法」の基準は,治療手続きが特定化され追試できること,治療対象,治療効果が明確であること,統計的に効果が実証されていること,異なる2人の研究者によって効果が確かめられていること,となっている。

2. 認知モデル

　認知療法の基本となる理論である認知モデルについて,例をあげて説明しよう。たとえば犬恐怖の人がいるとする。道を歩いていたら前方から中型犬が歩いてきた。その人は即座に恐怖感に襲われる。「怖い！」という感情にさいなまれ,心臓はドキドキと動悸を打ち,掌には汗をかき,その犬からじりじりと遠ざかりその場を足早に去るだろう。この人に「犬に出会った時,どんなことを考えていましたか」と問うと,（すぐには答えられないかもしれないが）「その犬にかまれると思った」とか「襲ってきて腕をかまれているところを想像した」と答えるだろう。この時,「犬を見た」ことを**状況**と呼び,「怖い」という感じを**感情**,そして「かまれると思った」,「襲ってきてかまれる想像をした」ことを**自動思考**と表現する。そして,このような3つのポイントの関連を**認知モデル**と呼ぶ（図1）。なお,動悸や発汗といった身体感覚や生理反応,その場を立ち去るといった行動も感情の中に入

図1　認知モデル

れる。認知療法では，この認知モデルがアセスメントや介入の基礎モデルとなり，セラピストは常にこのモデルに基づいてケースを考えて，クライエントにも認知モデルを理解させ，クライエント自らそれを使いこなせるようになることが，認知療法の最終的な目標となる。

3. 信念と自動思考

認知療法の中心的な概念となるのはやはり認知（思考）である。それは大きく信念と自動思考に分類される。先述の認知モデル（状況，認知，感情・行動の関係）を前提に，信念と自動思考，そして幼少期の体験を構造的に示すことを認知モデルによる概念化といい，それを図示したものが認知的概念化図である（**図2**）。図で明らかなように，幼少期の体験を元にして，中核信念，媒介信念，埋め合わせ戦略といった構造が背景にあり，それが特定の状況において自動思考を生じさせ，何らかの感情や行動に結果として現れる。以下に，信念と自動思考について説明していく。

［信　念（中核信念，媒介信念）］

その人物が幼少期からもつ，自分自身について，他者について，自分の周りの世界についての考え方。中核信念と媒介信念に分類される。

①**中核信念**：自己，他者，世界に対してもっている最も基底的な層にある考え方。明確化しにくく，絶対的で広範囲に及ぶものである。幼少時における重要な他者との間の交流や，その後の体験を通じて形成されたものである。

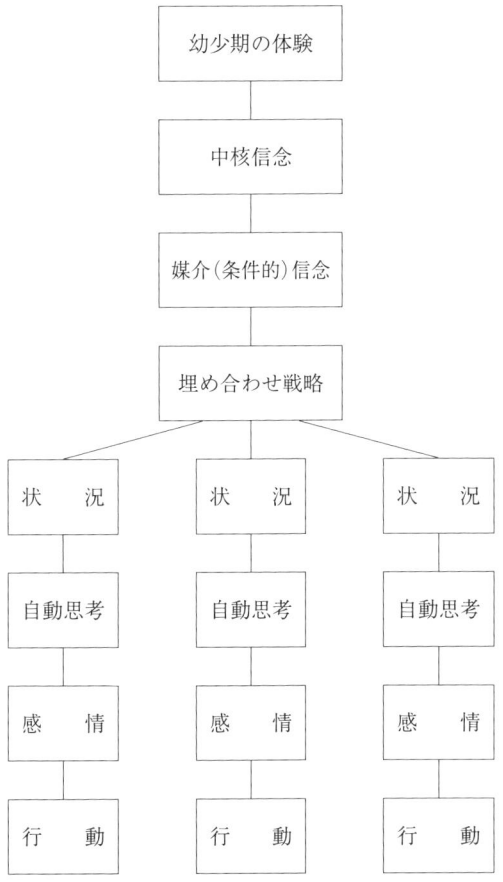

図2　認知的概念化図

・**中核信念の類型**：中核信念はジュディス・ベック（Beck, J. S.）が以下の1と2の類型を提示し，(Beck, 1995)，リーヒー（Leahy, R. L.）が3の類型を追加している（Leahy, 2003）。
　1. 私は出来が悪い
　2. 私は好かれない

3．私には価値がない

②**媒介信念**：媒介信念は以下の3つの類型がある。
・**断定型信念**：「無能であるとは，最悪なことである」，「ちゃんとしていないことは恐ろしいことだ」といった断定的な信念。
・**仮定型信念**：「一生懸命に努力しなければ，失敗するだろう」，「一生懸命やれば，うまくいくだろう」などの，「もし～ならば」式の仮定型の信念。
・**義務型信念**：「私はいつもベストを尽くさなければならない」，「私はすべてのことにおいて成功しなければならない」といった「ねばならぬ」型の信念。

③**自動思考**：ある状況で自動的に浮かんでくる考え，またはイメージ。普段は意識に上っていないが，注意を向けたり指摘されたりすると意識できる。練習することにより意識しやすくなる。ただし，人はまず感情に気づきやすい傾向があるので，自動思考には気づかないことが多い。認知療法では質問により意識させたり，気づけるように練習を重ねたりして自動思考を抽出しやすいようにしていくことが重要となる。

④**考え方のクセ**：ある状況に対する自動思考の中に，うつや不安を呈する思考に特有のパタンがある。表1に主要な考え方のクセをあげた。

⑤**スキーマ**：信念とは別にスキーマという概念がある。従来の認知療法が，うつ病や不安障害，摂食障害といった，DSM（アメリカ精神医学会精神障害診断統計マニュアル）の診断基準ではⅠ軸にあたる障害を扱っていたのに対して，スキーマをターゲットにしたスキーマ療法（Young, 1990）はⅡ軸のパーソナリティー障害を扱う方法である。スキーマとは，発達の初期段階で形成されてその後も長期にわたり維持される自滅的認知，感情のパタ

表1　考え方のクセ

1.	全か無か思考：状況を2つの極端なカテゴリーでとらえる。 「完全に成功できなければ，私は失敗者である」
2.	破局視：他の可能性を考慮せず，未来を否定的に予言する。 「今後すべてのことに失敗するだろう」
3.	肯定的側面の否認：肯定的な経験や長所を無視したり割り引く。 「うまくいったのは，単に運がよかっただけだ」
4.	感情的理由づけ：自分がそう〈感じる〉から，それが事実に違いないと思う。 「ほとんどうまくいっているが，どうしても自分はやはりダメだと思う」
5.	レッテル貼り：固定的なレッテルを貼る。 「自分はダメだ」，「彼女は完璧だ」
6.	拡大視／縮小視：否定的な側面を重視し，肯定的な側面を軽視する。 「相手が口をつぐんだのは，私を不快に感じたからだ」
7.	心のフィルター：一部の否定的な要素にだけ注目する。 「あの人がこっちを見たのは，自分が変な人物だからだ」
8.	読心術：他者が考えている内容を，自分がわかっていると思い込む。 「上司はきっと自分のことを，仕事ができないやつだと思っているだろう」
9.	過度の一般化：ある特定の出来事を人生における一般的な特徴と見なす。 「仕事で一度失敗した。だからこれからもずっと失敗する」
10.	個人化（自己関連づけ）：他者の否定的なふるまいを，自分のせいだと思い込む。 「私がミスをしたから，上司は機嫌が悪いのだ」
11.	「べき」思考：自分や他人のふるまいに「べき」「ねばならぬ」を要求する。 「私は常にベストを尽くさねばならない」
12.	否定的予測：状況に対して，否定的な側面しか見ない。 「あの人はきっと私を見捨てる」

ン（Young et al., 2003）と定義される。スキーマは5つのカテゴリーのスキーマ領域の中で，18個に下位分類される（**表2**）。ベックも認知療法の概念を構築する中でスキーマについて述べており，心の中の認知構造としてスキーマをとらえ，中核信念はスキーマの中の一部であるとしている（Beck, 1964）が，ヤング（Young, J. E.）の言うスキーマは幼少期に重要な他者（主に親や親代理）との間で体験した欲求不満状態から生じた，社会に適応し生存していくためには不適切なものである（Young et al., 2003）。スキーマ療

表2 スキーマのカテゴリーと領域

領域Ⅰ：断絶と拒絶	領域Ⅱ：自律性と行動の損傷
1. 見捨てられ／不安定スキーマ 2. 不信／虐待スキーマ 3. 情緒的剥奪スキーマ 4. 欠陥／恥スキーマ 5. 社会的孤立／疎外スキーマ	6. 依存／無能スキーマ 7. 損害や疾病に対する脆弱性スキーマ 8. 巻き込まれ／未発達の自己スキーマ 9. 失敗スキーマ
領域Ⅲ：制約の欠如	領域Ⅳ：他者への追従
10. 権利要求／尊大スキーマ 11. 自制と自律の欠如スキーマ	12. 服従スキーマ 13. 自己犠牲スキーマ 14. 評価と承認の希求スキーマ
領域Ⅴ：過剰警戒と抑制	
15. 否定／悲観スキーマ 16. 感情抑制スキーマ	17. 厳密な基準／過度の批判スキーマ 18. 罰スキーマ

法で扱うスキーマは複雑で多岐にわたり，その変容法も独自であり，標準的な認知療法から大きく発展したものであるので，本書ではベックのいう信念を中心に解説していく。スキーマ療法についてはヤングなどの成書を参照されたい（Young et al., 2003）。

4. 認知療法の方法

認知療法で用いられる方法について概説する。アセスメントおよび介入技法については第3章，第4章で詳述するので，ここでは基本的な考え方についてのみ述べる。

①認知アセスメント

他の治療法と同様に，認知療法では認知モデルに基づいて体系的なアセスメントを行う。大きく分けて以下の3つのアセスンメント法がある。

（ⅰ）認知モデルによる概念化
特定の状況ごとに見られる自動思考，感情，行動を把握し，その元にある

中核信念，媒介信念，幼少時の体験などを概念化する。認知モデルによる概念化の作業は，治療の初期（早ければ1回目）に，クライエントの状況を聴きながらセラピストが構想し，セッションとセッションの合間に作成することになる。そのときどきのクライエントの言動から判断して作成するものなので，治療が進むことにより書き換えることも多くなる（Beck et al., 1992）。あくまでセラピスト側のアセスメント手段であるが，クライエントと共有することも可能であり，セラピストが書いたものをクライエントに見せて説明することもあるし，話し合ったことをクライエント自ら書き記すこともある。実際筆者は，ほとんどのクライエントと認知モデルによる概念化（認知的概念化図）を共有しているが，そのことによって共同作業をしている感覚が高まりクライエントのモチベーションが上がることが期待できるし，セラピスト側も正確なクライエント理解ができる可能性が高まる。認知モデルによる概念化については，第3章3節においてさらに詳しく解説する。

(ⅱ) 自動思考を引き出す問い

認知療法では認知（思考）を扱うことが主目的となる。クライエントから引き出す思考のうち，最も表層的で取り出しやすい自動思考を的確にとらえることが前提となる。自動思考を引き出す基本的な問いは「その時，どんなことを考えていましたか？」という言い方になるだろう。この問いによって比較的容易に自動思考を言語化できるクライエントもいるが，多くは即座には言葉にできず，思考というよりも感情を述べるクライエントも多い。以下の例を見てみよう。

クライエント：今度の仕事のプロジェクトのことで上司と話している時，急にドキドキしだして，嫌な気持ちになりました。
セラピスト：その時，どんなことを考えていたのですか？
クライエント：何だかみじめな気持ちになって，不安になったんです。

このクライエントは，自動思考を引き出す問いによって**思考**ではなく**感情**を述べている。自動思考は通常ははっきりと意識できておらず自動化していて，結果としての感情は意識に上りやすいので，このように感情を言語化する方がたやすい。特に日本人は論理的思考よりも情緒的な反応を表す傾向があるので，自動思考を言葉にすることは欧米人に比べて比較的難しいといえるだろう。そのため，面接初期には思考と感情を区別するために，ネガティブな感情が生じた状況を使ってその見分け方をクライエントに説明し，十分に把握することができるまで心理教育を行うことが必要となる。

（ⅲ）非機能的思考記録（Dysfunctional Thought Records；DTR）
　認知療法において最もよく使用されるツールが非機能的思考記録（以下DTR）である。前述のように，認知療法では状況−認知−感情（行動）の関係を認知モデルとして概念化している。DTRも認知モデルに基づきクライエントの問題を整理して，表に記録してアセスメントおよび治療的介入に用いるためのツールとなる。認知療法は，第3章，第4章で述べるように非常に多くのアセスメントツールや技法を用いる多技法型の心理療法であるが，認知モデルを的確に表した方法として，DTRが最も認知療法を代表する技法といえるだろう。

②**介入技法**
　前述のように認知療法では非常に多くの介入技法を用いる。それらは主に，認知的技法，行動的技法，感情的（体験的）技法に大別される。認知的技法は，状況に対する認知（思考やイメージ）が，ネガティブな感情や行動を喚起するという認知モデルに基づいて，その認知を変容することで問題を改善しようとするための技法で，認知療法において中心的な技法となる。
　たとえば，認知的技法で最も多用されるのは前述のDTRであろう。認知モデルそのものを原型として，それを応用した技法であるため，アセスメントの際にも重要なツールとなるし，そのまま介入技法としても使用できる．

いわばアセスメントおよび介入技法として連続的に使えるたいへん便利なツールといえる。

　その他の認知的技法の中で，認知療法に特有の技法としてソクラテス式質問法がある。一般的に心理療法の介入の仕方は，クライエント中心療法の傾聴技法に代表されるように，クライエントの言動に対して受容的に応答したり，精神分析の直面化や解釈のように意識できていない感情や思考を指摘するといった技法が中心で，セラピストが質問することは非常に少なく，むしろ質問は極力してはいけないという傾向がある。認知療法ではむしろ質問をうまく使うことが心理療法を効率よく進めるための鍵となる。ソクラテス式質問法とは，古代ギリシャの哲学者ソクラテスが，民衆に教えを説く時に，ただ一方的に説教をするだけでなく，質問を投げかけ，時に民衆同士が議論できるようにして，誘導的に理解を促すといったやり方であった。認知療法ではクライエントが合理的な思考を自ら表現できるように，セラピストは「その時どう思いましたか」，「他の考え方はありませんか」，「もし〜と考えたらどうなりますか」といったような質問をして考えを引き出すようにする。

　行動的技法は，認知ではなく行動に焦点を当てるが，あくまでも行動を媒介とすることによって結果として認知を変容するもので，行動そのものを変えることを治療目標にするわけではない。したがって，狭義の行動療法を適用するのではないことに注意してほしい。行動的技法の中で主要なものに行動実験がある。この技法は，クライエントが考えていることが現実場面で本当に実現するかを，恐れている行動をあえて実行することで確かめるというものである。たとえば，「自分は他人から嫌われているので，友好的に接しても避けられてしまう」と考えて，出会っても挨拶もせず下を向いて足早に通りすぎるという行動を示すクライエントに対して，他者に会った時に相手をしっかり見て挨拶をするという行動を実行してもらう。そうすると，相手は挨拶を返してくれる可能性が非常に高いので，先のクライエントの考えは否定され，修正されることが期待される。その他，エクスポージャーやソーシャルスキルトレーニングなど行動療法で使用される技法があるが，先述の

ように行動療法の概念に基づいているわけではなく，あくまで認知モデルの応用であり，認知の変容を目標に適用される。

　感情的(体験的)技法は，ベックの認知療法の技法の中では特に分類して用いられておらず，スキーマ療法を開発したヤングによって体系的に使用される方法である（Young et al., 2003）。この方法では，比較的重篤な精神的問題をもつクライエントに，過去の外傷的体験場面をイメージしてもらい，そこでのスキーマに関係した対人関係を扱う。具体的には，その人物に対して対話を行わせたり，クライエントの権利を再確認させたりして，スキーマを変容しようと試みる。このような体験的方法は，認知的技法や行動的技法と比べて感情が動きやすく，時に劇的な変化をもたらすこともあるが，それだけクライエントの内面の奥深い問題に触れて揺さぶることになるので注意が必要である。

4. 認知療法の考え方

　前節では認知療法の概念について，その理論，技法，方法を概説してきたが，この節では認知療法の概念の背景となる考え方を述べていく。認知療法は認知を対象とするので，まずは認知論的視点があることが連想されるだろう。ここでは，基礎心理学としての認知心理学との異同を論じていく。次に，2節で述べたように，精神分析からの流れがある認知療法には当然力動的観点が色濃く残っている（大野，2008）。ここでは精神分析の起源と歴史的展開を振り返りながら力動的な視点との関係を考察したい。最後に，行動療法の技法を多く用いることから，行動論的視点も見逃せない。行動療法の基礎である学習理論と，その応用としての行動療法の方法を論じながら，認知療法の中での行動論のあり方を論じる。

1. 認知論的視点

　認知モデルを基本概念とする認知療法は，治療対象を認知（思考）におい

ている。行動療法は文字どおり行動を対象にするが，その他の心理療法は複数のものを対象とする。たとえば精神分析は深層的な認知，情動，感覚などの関係（力動）を扱い，クライエント中心療法は自己のあり方（自己一致や自己実現傾向）を問題とするが，主に感情や感覚を対象とすると言っていいだろう（Garfield, 1980）。それに対して認知療法は直接的に認知を対象とするといってよい。行動療法では対象は顕在的な行動であるが，最も重要なのは環境（刺激）- 行動（反応）- 結果の随伴性である。行動に介入し行動だけを変容するのではなく，この3つの項目の関係を分析し，その関係（随伴性）を変えることが行動療法の目標となるのである。

　さてそれでは，認知論的視点とはどのようなものだろうか。心理学の分野の一つに認知心理学がある。認知心理学は，それまで（1950年代まで）主流であった行動主義（S-R連合理論）に代わって起こった心理学理論である。その特徴は，一つは人間の認知機能（知覚，記憶，思考など）に関する科学であること，もう一つは情報処理モデルに立っていることである（市川他, 1996）。つまり，行動主義のように生体（人間など）の内部をブラックボックスとしてその内容を想定せず，環境としての刺激に対する生体の反応を取り上げるといった考え方に対して，人間の内部の認知（思考や知覚）を想定し，刺激の入力 - 認知 - 反応の出力という一連の情報処理過程と考えるのである。認知心理学はそれ自体膨大な分野を構成しており，視覚，感性，注意，記憶，知識，言語，問題解決などの心理的機能を，実験や神経学的研究を用いて解明していこうとする分野である（箱田他, 2010）。

　ベックの言ういわゆる認知療法も，刺激入力と反応出力（つまり状況と感情反応）の間に思考（認知）が介在するという情報処理過程を想定していることから，認知心理学と同じパラダイムを用いたモデルということができるだろう。しかし，ベック自身は認知心理学を基礎モデルとして考えたわけでもなく，その応用として認知療法を開発したわけでもない。ベックやその周辺の文献を見てみても，ベック自身が認知心理学を系統的に学んだり研究したりした痕跡はない。ベックの認知療法と認知心理学は直接関係がな

く（Teasdale, 1993; Rackman, 1997），ラックマン（Rackman, S.）は「認知療法は認知心理学に内実を提供している」（Rackman, 1996）と表現している。認知療法と認知心理学のこのような関係は，科学的心理学としての認知心理学のパラダイムと，素朴心理学[注3]としての認知モデルの違いと言っていいかもしれない。

2. 力動論的視点

2節で述べたように，ベックはもともと精神分析療法の訓練を受け，臨床とともにうつ病への精神分析理論の病理研究を試み，その結果として認知療法の考え方を構築した経緯がある。精神分析療法の不備な点を追究し，それを乗り越えるかたちで認知療法を実践したといえるが，やはりそのルーツは精神分析療法にあるといって間違いないだろう（大野，2008）。ベックは精神分析の中でも対人関係学派（サリバン（Sullivan, H. S.）やホーナイ（Horney, K.），アドラー（Adler, A.）などの系統）の訓練を受けている。たとえばサリバンはフロイトのいう転移現象をパラタクシスな歪曲（Sullivan, 1954）と呼び，無意識的な観点から関係論的な認知の観点にシフトさせている。ホーナイは超自我的な過酷な考え方を"すべしの暴政（should tyranny）"（Freeman, 1989）と呼び，認知療法でいう「すべき思考」と同様のことを述べている。アドラーはフロイト直系の分析家の中でも特に認知の機能を重視している。このような認知重視の考え方がベックに影響したと思われる。ベック自身は1960年から1963年の間が精神分析の研究から認知療法の構築へと変遷した最も重要な時期であったと考えていたようであるが（Weishaar, 1993），この時に精神分析が重視する無意識的動機づけの考え方から，意識または前意識の作用である自動思考を見出している。ここで彼は精神分析療法から決別

注3）学問的な心理学とは別に，人であれば誰もがもっている，自分の心の動きを説明できる心理学的知識のことを，素朴心理学という。確固としたデータや証拠があるわけではないが，その人の体験や直観から判断され，時には思い込みであることもある。

したとも言えるのであるが，後に精神分析療法から受け継いで役立ったものとして，患者から意味を探る質問をすること，それは深い無意識の中ではなくアクセス可能な意味であったと述べている（Diffily, 1991）。

認知療法を行う際の重要な作業に認知モデルによる概念化がある（図2）。この図からも一目見てわかるように，下端の感情や行動に始まって，自動思考，信念，幼少期の体験と遡り（図では上昇し），層構造をなしている。精神分析では意識，前意識，無意識に分けて心理構造を概念化するが（局所論），行動療法は環境と個体の反応の間の関係を分析するので（機能論），認知療法のもつ構造論的な理論概念は精神分析療法により近いと思われる。図2に見られる中核信念や媒介信念は交流分析でいう脚本[注4]と類似しており，幼少期の体験は精神分析療法の幼児体験と同様である。そして，意識または意識に近い部分の認知を扱うところは，自我装置としての認知機能を重視した自我心理学[注5]（Hartmann, 1958）の考え方を踏襲しているといえる（大野, 2008）。

3. 行動論的視点

これまでにも述べたように，認知療法は行動療法の技法をよく使うことから行動療法との関係が深いと通常理解されているようである。前述のようにベックの提唱した認知療法は理論的には行動療法（学習理論）とは異なっているが，ここでは認知療法における行動論的視点についてまとめておきたい。

行動療法の元となる学習理論では，動物実験からの知見としての条件づけ理論が基礎となる。中性的な刺激と生理的反応を誘発する刺激との対提示により，中性刺激に対して生理的反応を条件づけるレスポンデント条件づけ，

注4）交流分析では，幼少期に親から受け継がれた生きる上での信条を脚本と呼び，それを変化させることが治療の最終段階であるとした。
注5）フロイトの後継者である A. フロイト（Freud, A.），ハルトマン（Hartmann, H.）ラパポート（Rapaport, D.）らがアメリカを中心に確立した立場。知覚や思考，言語，記憶などの自我の自律的な機能を重視し，自我機能の成熟や適応を治療的目標とする。

環境に働きかける反応に対して報酬（強化子）を与えてその反応の発現頻度を高めるオペラント条件づけの2つに分類される。行動療法でよく用いられるのは後者で，近年では応用行動分析として，刺激－反応－結果の随伴性を分析し，介入する手法がとられることが多くなっている。レスポンデント条件づけを応用した技法としては系統的脱感作法やエクスポージャー法，オペラント条件づけの応用としてオペラント法や段階的接近法[注6]が多用されるが，行動療法の技法の種類は非常に多く，『行動療法事典』によると200種類近くの技法があがっている（Bellack & Hersen, 1985）。認知療法で使われる行動技法には，エクスポージャーや段階的接近法といった主要なものの他に，行動実験や行動計画法，ロールプレイといった技法があるが，これらの技法は行動分析を行って行動そのものを変容させるのが目的ではなく，クライエントの認知の問題に関係する行動に対して何らかの介入をすることで認知の変容を促すことを目的としている。言い方を変えれば，行動療法では行動を変えることで結果として認知が変わるのに対して，認知療法では認知を変えることで結果として行動が変わることがありえるということである。そして，適切に用いられれば両方の治療法がクライエントの問題を解消することになるというわけである。

注6) トラウマ刺激などの不安対象を克服する際に，初めは不安の少ない場面に直面し，徐々に不安の高い場面に接近する手続き。

第2章

セッションの進め方
――認知療法セッションを構造化する――

　認知療法は，ある状況に伴ってネガティブな感情や行動が生起する際の認知を対象としてセッションを進めていく。しかし初めから認知に焦点を絞って介入していくわけではなく，より効率よく治癒に導けるように時間軸に沿って順にセッション内容を組み立てていき，目標を達成するようにする。他の治療法との比較においても，認知療法ではセッションを構造化することが大きな特徴である。ここでは，最初に認知療法セッションの目標について説明し，次いでセッションの進め方について，セッション回数の進行に関するものと，各セッション内（初回面接，2回目の面接以降）に分けて述べていく。

1. 認知療法セッションの目標

　他の多くの心理療法においても，セッションを進めるにあたって共通する目標が存在するが（たとえば良好な治療関係を結ぶことや，各治療理論に沿ったアセスメントや技法介入をすることなど），認知療法に特異的な目標もある。以下に，5点に分けて認知療法セッションの目標をあげておく。

①良好なクライエント-セラピスト関係を確立する
　他の心理療法と同様に，認知療法においても治療関係の構築は重要である。行動療法や認知療法などの指示的技法は治療関係を重視しないとの誤解があるが（Neenan & Dryden, 2004），認知療法ではクライエントとセラピスト

が共同して問題の解決を図る共同的経験主義の立場をとっており，とりわけ協力的な関係が必要となる。ただ，良好な治療関係が認知療法の治癒メカニズムとなるわけではなく，それは治療を進めるための必要条件であるとされている（Beck et al., 1979; Beck & Emery, 1985）。なお，治療関係の重要性については章を改めて（第5章）論じる。

②的確なアセスメントを行う

認知モデルに基づいて，状況，思考，感情，行動の関係について整理する。そして，自動思考を把握して認知の問題を査定する。必要に応じて，自動思考の背後にある信念やスキーマを確定し，それらが形成されたと思われる幼少期の体験を引き出す。このような，クライエントの問題を認知モデルによってまとめていくことを認知モデルによる概念化という。

③心理教育を行う

クライエントが認知療法について知っているのかを，セッションの初期の段階で確かめる。クライエントがもつ問題について，認知モデルによって説明できるようにセラピストが説明し，理解を促す。

④セッションを構造化する

セッションの中で行う作業を分類し，順序立てて行うことでセッションを構造化する。これにより，限られたセッションの時間を効率よく使い，治療を有効に行えるようにする。また，セッションを追って展開する作業もだいたい決まっており，一定の手順に従って治療を進めていく。

⑤認知パタンを同定し，修正する（各種技法を適用する）

認知モデルによる概念化を含むアセスメントを元に，認知を中心とした問題のパタンを確定し，的確な技法を選択していく。

2. セッション展開における構造化

　認知療法は比較的短期で行われる治療であるとされている（Freeman, 1989; Curwen et al., 2000）。おおむね10回〜20回とされるが，セッションのインターバルや症状の強さ，問題の深刻度，パーソナリティーの病理の有無によって増減がある。たとえば，精神疾患の診断はつかず日常的な問題（対人関係の葛藤，夫婦問題，職業上の比較的軽度の問題など）であれば，1回〜数回の認知療法的な心理教育のみで軽減し終結に至ることもあるし，境界性パーソナリティー障害のような重篤な疾患の場合，1年〜数年に及ぶこともある。このように，短期的治療でありながらもその長さには様々なバリエーションがあるが，いずれの長さの治療においても，おおよその展開の順序は一定している。以下はその順序を示している。

1．情報を収集する

　まず，どのような心理療法にも共通する通常のインテーク（性別・年齢・職業などの情報，主訴，現症歴・問題歴，家族構成，生育歴など）を終えていることを前提とする。
　その上で認知モデルに照らし合わせて改めて主訴を聴取する。クライエントは現在どのような問題（症状，ネガティブな感情，問題行動，対人関係の問題など）を抱えているのか，それはいつどのようにして生じたのか，そしてその問題はどのように維持されて今に至っているのかを把握する。そして，その問題はどのようなネガティブな感情，行動，身体的反応と関係しているのか，そしてこの時点で可能な限りで，問題がどのような非機能的思考や信念，スキーマと関係しているかを確かめておく。

2．目標を設定する

　問題や症状を聴取して情報を的確に収集した後，それらを整理してまとめ，治療で取り組むべき目標を設定する。ここでの目標は，あいまいで大ま

表1 問題リスト

クライエント	30代，男性，会社員
問　　題	意欲がわかない
全体的な目標	「職場でうまくやりたい」
具体的な目標	・期日まで効率よく仕事をこなす ・プレゼンテーションの際の不安を減らす ・同僚や上司との会話を増やす ・社外での活動に参加する

かなものではなく，具体的で言葉で明確に表現でき，行動的なものにする必要がある。クライエントは多くの場合あいまいで漠然とした目標や希望を抱いていることが多い（「仕事をこなせるようにしたい」，「電車でどこでも出かけられるようになりたい」，「前の自分に戻りたい」など）。問題を明確にし，目標を具体化することによって，クライエントが自身の問題をよく把握し，具体的に検討することによって，明確な目標に向けての作業がしやすくなるのである。**表1**は，うつ症状を呈する会社員のクライエントの問題リストを示している。具体的な行動レベルでの目標になっているところに注意してほしい。

3. 心理教育

　認知療法の最終的な目標は，クライエントが自分自身の認知療法家になることである。そのためには，クライエントが認知モデルを十分に理解し，自らの問題の認知アセスメントを行い，技法を自身に適用していくことが必要になる。セラピストは治療の早い段階でクライエントに認知モデルを教え，十分に理解できることを確かめた後にアセスメントと介入を始めることになる。

　心理教育を始める前に，クライエントが認知療法や認知モデルについてどれぐらい知識があるかを調べておく必要がある。現代はインターネットの普及などもあって様々な情報に手軽にアクセスでき，心理学や医学の専門的な

知識をもっているクライエントも多く，十分な知識をもたないセラピストよりも認知療法についてよく知っていることもまれではない。一方，まったく知識がなかったり，間違った解釈をしているクライエントもいる。クライエントの知識を聞いておくことが，認知療法を進めていく上で有用な情報となる。心理教育は次のような手順で進められる。

①認知モデルの考え方を説明する

状況，思考，感情の関係を，図を示して説明する。その際，簡単な例（たとえば，「犬恐怖の人が，どのような状況でどのように考えた結果，恐怖感が出現したか」，など）を用いるとよい。

②クライエントの体験例を用いて教える

次に，クライエントが日常体験している例を用いて，認知モデルを説明する。クライエントは何らかの問題をもって来談しているので，その問題場面を用いると理解されやすいし，その心理教育自体が治療的介入となることも期待される。この場合も図に描いて示すと理解を促進でき，クライエントも納得しやすい。

③クライエントに復唱してもらう

②で理解したことを，クライエントの言葉で復唱してもらい，認知モデルを理解できたかどうかを確認する。ほぼ確実に理解を示すクライエントもいるが，十分に理解していない場合は，セラピストがソクラテス式質問法を用いて援助するとよい。

以上の心理教育の例を以下に示す。

セラピスト：認知療法についてどれぐらい知っているかをお聞きしたいのですが。

クライエント：本で少し読んだことがあります。考え方や行動の仕方を変える，と書いてあったように思います。でも，実際どういうふうにやるのかはよくわかりません。

セラピスト：そうなんですね。では今から認知療法はどういうものか，どうやって不快な感情を改善していくのかを説明させてもらいますね。

クライエント：わかりました。お願いします。

セラピスト：まず，ある場面についてどのように考えているかが不快な感情につながる，ということを説明したいと思います。最近，嫌な気持ちになったことがありますか。

クライエント：そうですね。3日前の日曜日の夜，急におっくうな気持ちになりました。

セラピスト：その時，どんなことを考えていたのですか。

クライエント：ええと，確か，次の日の仕事のことを考えていたと思います。

セラピスト：もう少し詳しく話していただけますか。

クライエント：ええ，今やっている業務のことで，部下にいろいろ指示をしないといけないんですが，その部下がいつも嫌そうな顔をして，時々意見を言ってくるんですね。それを考えると，出勤するのが煩わしくなって……。

セラピスト：なるほど。その部下はどう考えていると思ったのですか。

クライエント：うーん……，きっと私がおかしな指示を出して，仕事がやりにくくて嫌だなと思ったのではないでしょうか。

セラピスト：そうすると，あなたが指示を出したら，その部下はあなたがおかしな指示を出すのでやりにくいと思ったと。それを考えると翌日仕事に行くのがおっくうになったのですね。

クライエント：そうです。そのとおりです。

セラピスト：今，とてもいい例を示していただきました。日曜日の夜に，翌日の仕事で部下に批判的に思われる，というあなたの考えが，おっくうな気持ちにさせたということです。いかがでしょうか。

クライエント：なるほど。確かにそうなりますね。
セラピスト：では，今のことを図にしてみます（手元の紙に，状況，認知，感情の関係を図示し，クライエントに見せる）。
クライエント：確かに，この図のようになっていると思います。
セラピスト：今話し合ってわかったことを，あなたの言葉で言ってもらえますか。
クライエント：ええっと，その場面で起こったことをどう考えるかが，気持ちに影響する，ということでしょうか。
セラピスト：そう，そのとおりです！　これからこのような考え方を検討していって，その考えを現実的で合理的な考えに変えていくことによって，不快な感情を和らげていく，ということになります。
クライエント：なるほど。そうすれば気持ちが楽になるでしょうね。でもそんなに簡単にできるものでしょうか。
セラピスト：最初は難しく感じるかもしれませんが，粘り強くやっていけば，だんだんうまくやっていけるようになると思います。
クライエント：そうなりたいですね。

　以上のような手順で，クライエントの理解度を把握しながら，ある程度認知モデルを把握できるようになるまで心理教育を行う。実際の臨床場面では，心理教育を行うことによって治療への期待が高まり，それだけで不安やうつ感情が軽減するクライエントもいる。

4．アセスメント

　心理教育によりクライエントが認知モデルを理解できたかを確認した後に，アセスメントの作業を開始する。アセスメントは次の2つの段階に分かれる。

①通常の臨床心理学的アセスメント
　認知療法以外の心理療法にも共通する一般的なアセスメント。①の情報収

集で集められた情報を元に,主訴,現在の問題,家族構成と家族歴,生育歴,社会での適応状態(学歴や職業,友人や近隣との対人関係),主訴や現在の問題の発生時の状況とその後の経過について聞いていく。ここで臨床心理学的アセスメントや医学的診断をしておくことは有用となる。その際,通常の心理テストや精神医学的診断を行うことがあるだろう。心理テストは不安やうつ状態を測定したり,顕在的な行動や態度からパーソナリティーを把握する質問紙を使うことが多くなると思われるが,セラピストやテスターの判断でより深層的な状態を把握する投映法を使うこともありうる。どのテストを使うかは,セラピストの帰属する学派や価値観によって大きく違ってくるだろう。精神医学的診断は,クライエントからの情報収集により判断する場合と,心理テストや精神医学的検査を元に診断をする場合もある。世界的な認知療法テキストを出しているジュディス・ベック(Beck, J. S.)は心理学者であるが,DSMを積極的に診断に活用している(Beck, 1995)。

②認知アセスメント

通常の心理的(または精神医学的)アセスメントを行ってクライエントの全体像を把握した後,認知モデルに基づいた認知アセスメントを行う。ソクラテス式質問法を多用して,状況と感情に関連した自動思考,信念,スキーマを聞き出し,認知モデルによる概念化の作業を行った後に,クライエントが理解できるかたちで図表等でアセスメント結果を示し,クライエントと共有する。詳細な認知アセスメントの手続きは第3章で示す。

5. 治療介入

ここまでに情報の収集,アセスメントの作業で3回~5回程度のセッションを経過していることになる。きちんとしたアセスメントを終えた後に治療介入を開始することになる。認知療法の治療介入の目的はもちろん認知の変容であるが,介入の方法として大きく認知的介入,行動的介入,感情的(体験的)介入に分けられる。その詳細は第4章で述べる。

6. 終　　結

　認知アセスメントに基づいて治療介入を行い，十分な効果（症状の消失や軽減，問題の解決，社会適応力の向上など）を得た時，または，そのような効果が得られなくても，クライエントが納得して終結を希望しセラピストもそれに合意すれば，終結を迎えることとなる。ここまでで繰り返し説明しているように，認知療法の最終的な目的はクライエント自らが自身の認知療法家になることである。認知モデルを十分に理解し，的確な認知アセスメントを行い，自らに治療介入をして認知を変容し，ネガティブな感情を軽減したり，より適応的な行動をとって，生活を豊かにすることができて初めて，認知療法の効果があったといえるのである。

3. セッション内の構造化

　次に，セッションの中での治療の進め方について述べていく。認知療法はセッションの進め方について構造化することが大きな特徴である。心理療法は人の心を扱うので，その内容は非常に広く深いものになりがちである。クライエントの心の世界に焦点を当て，否定せず受容的に面接を進めてその話の内容を理解していこうとすると，話題が拡散し，まとまりのないものになり，焦点を絞れないままに面接が進んでいくことになる。もちろんどの心理療法学派も，それぞれの理論，技法によってクライエントの問題を整理し，焦点づけていくが，認知療法は他の心理療法と比べてセッションの中で取り上げる内容を規定し，順序立てて進めていく傾向が強い。構造化することの利点は，このように拡散しがちなクライエントの話を整理し，順を追って展開させやすくして，より効率よく面接を進め，クライエント，セラピスト双方とも余分なエネルギーを使わずにすむことである。また，面接全体が客観的にとらえられやすく，セッションを終わった後も達成感をもちやすくなる。以下に面接の中での構造化について，初回面接と2回目以降の面接に分けて

記述していく。なお，初回面接の前に1回〜数回にかけてインテーク面接を行い，主訴や問題歴などの情報を収集して見立て（診断）を終えておくこともあるし，面接を行う場の条件によっては初回面接をインテークと兼ねることもあるだろう。ここでは，1回程度のインテーク面接である程度の情報収集と見立てがなされていることを前提としている。

①アジェンダを設定する

その日のセッション内で話題にするテーマをアジェンダといい，これがそのセッションでの中心となる。たとえば，「学校で友人関係での葛藤が起こる時の状況を探る」とか「間食をとりすぎてしまう時に考えていることを検討する」といったことがそうである。クライエントが望むアジェンダとセラピストが提案するアジェンダの双方を出し合って話し合い，合意するように心がける。そうすることによって，クライエントはそのセッションや治療全体への動機づけが高まり，積極的に参加しようとするだろう。アジェンダはできるだけ短時間（たとえば5分以内）で決めるようにして，他の作業に支障がないようにする必要がある。

②症状や問題の程度をチェックする

現在クライエントがもっている症状や問題を聴取し，その強さを確認する。「とても調子が悪い」といった大まかな言い方ではなく，「ここ数日の気分の落ち込みは非常に強く，今度の仕事がうまくいくかどうかの不安は前回と同じぐらい」のように具体的に表現してもらうようにする。また，症状や問題の程度を0点から100点までの点数で表してもらうことも有効である。質問紙[注1]を用いてうつ気分や不安，イライラ，睡眠の状態などを把握することもある。

注1) 認知療法でよく用いられる質問紙には，ベック抑うつ尺度（Beck Depressive Inventory; BDI, Beck et al., 1996）やベック不安尺度（Beck Anxiety Inventory; BAI, Beck et al., 1988）などがある。

③心理教育を行う

クライエントが認知療法について何を知っているかを確かめるために心理教育を行う（24頁を参照）。

④ホームワークを出す

セッションの中で行ったことを元にして，次のセッションまでの間に行う課題を設定する。ホームワークには，セッション中に話し合ったことを書き留めてそれを毎日読む，日常で体験した自動思考や感情を書く，非機能的思考記録を作成する，各種認知技法・行動技法を実行する，次回のアジェンダを考える，などがあげられる。認知療法ではこのようにセッション間を利用して作業を行うことが大きな特徴の一つである。ただしホームワークは実行が困難なものではなく，確実に達成できるものを選び成功体験をもてるように注意する必要がある。

また，ホームワークのうち読書療法として自宅で書籍を読んで学習してくることが有効である。現在日本で出版されている読書療法に使える書籍を巻末にあげておく（160頁を参照）。

ホームワークを課すことによって，次のセッションまでの長い時間を有効に使い，治療を効率よくすることができるし，クライエントが自分で作業を行うことにより達成感をもったり，セラピストの援助がなくても自己治療できる感覚が生まれやすくなる。

⑤セッションを振り返り，クライエントからフィードバックを受ける

セッションの最後に，面接全体を振り返ってまとめの作業をして，クライエントから感想を聞く。具体的には「今日のセッションはどうでしたか。どんなことがわかりましたか。やり残したことはありませんか。気になることはありませんでしたか」といった問いになるだろう。フィードバックを得ることで，今現在クライエントがどのようなことがわかっていて，どんなこと

がわかっていないかを確かめられるし，誤解していることがないかを知ることができる。またクライエントが介入の内容やセラピストに対して不満や疑問を感じていないかを確認できる。そして何よりも，セラピストがクライエントに対して関心を抱いており，尊重していることを示すことができ，よりよい治療関係を構築することを促進できることになる。

第3章

認知アセスメント

　この章では，認知モデルに基づいて事例を見立て，技法介入の準備をするアセスメント法を提示する。医学ではこのような作業を診断と呼び，心理療法では各学派ごとの理論に基づいた見立てがなされることになるが，認知療法ではやはり認知を中心にした見立てが行われるので，認知アセスメントという言い方がされるのが一般的である。

　ここではまず，認知療法に特有な聞き方であるソクラテス式質問法から説明し，続いて認知の中心的概念である自動思考，媒介信念，中核信念のとらえ方を示す。最後に，それらの認知を総合的にまとめてアセスメントを体系的に示す認知モデルによる概念化の方法について提示する。

　なお，認知アセスメントを行う際，良好な治療関係を構築し，アセスメントの作業をスムーズに行うことが不可欠であるが，これについては第5章で詳述する。

1. 認知療法の聞き方——ソクラテス式質問法

　一般に心理療法においては，クライエント中心療法に代表されるように，クライエントの話を傾聴して受け止め，共感的に理解することに重きが置かれ，セラピストから積極的に言葉を発したり，質問することは最小限にとどめることが多い。しかし認知療法では，クライエントの話を十分に聴いて良い治療関係を構築することを前提としながらも，セラピストから能動的に言葉を発し，特に質問を多用することによってクライエントから様々な言葉を

引き出すことに大きな特徴がある。「認知療法はクライエントの誤った認知を正しい認知に変えるよう，セラピストが説得する」という誤解がよくあるが，むしろセラピストが的確な質問をしてクライエントが自ら認知を変容できるよう誘導することが主眼となる。

このような，クライエントに自ら気づかせるようにもっていく質問の仕方をソクラテス式質問法という。具体的な質問の仕方は，「～はどうですか？」，「～はどうでしたか？」，「～ならどうなりますか？」，「どんなことが頭に浮かびましたか？」，「他の考え方はできませんか？」といったものである。

このソクラテス式質問法は，一般的な心理療法（特にクライエント中心療法）を用いてきたセラピストにとっては使いづらく，なかなかマスターしづらいもののようである。以下に例を示しながらその使い方を解説する。

①状況を知るための質問：ネガティブな感情や認知が生じた場面，状況を聞き出すための質問
　・「どんな時に不安になったのですか」
　・「最近その感情が起こった場面を教えてください」
　・「そう考えたのは，何が起こった時ですか」

②自動思考を引き出す質問
　・「その時，頭ではどんなことを考えていましたか」
　・「その気持ちになった時に，どう考えていましたか」
　・「その他に，頭に浮かんでいたことはありますか」

③新しい考え方を引き出す質問
　・「他の考え方はできませんか」
　・「誰かが同じ状況にいたら，どう考えるように言ってあげますか」
　・（認知をめぐるやりとりを交わしたあとで）「すると，先ほどの考えはどうなりますか」

④**新しい考え方や行動をとった時の変化に気づかせる質問**
・（新しい考え方や行動を導き出した後）「もしそう考えたら（そう行動したら），どうなるでしょうか」
・「以前の考え方をした時と，何が違ってくるでしょうか」

[ソクラテス式質問法の使用例]
　以下に，ソクラテス式質問法を用いた面接の例を示す。このクライエントは企業に勤める40代男性，中程度の抑うつ症状を訴えており，2週間ほど会社を休んでいる。このセッションは，インテーク面接を終え，認知療法面接を始めて2回目のセッションである。1回目に認知療法の心理教育をして認知モデルの理解を図った上で，うつ感情が生じる場面を特定しそこでの自動思考を引き出す作業を始めた様子を示している。

セラピスト：それでは，嫌な気分になった時の様子を話していただけますか【ソクラテス式質問法（以下 SQ）①】。
クライエント：（しばらく沈黙したあと）そうですね，会社にいる時がつらかったですね。
セラピスト：どんな場面でつらくなったのか，具体的な例を教えていただけますか？【SQ ②】
クライエント：そうですね……。休む少し前のことなんですが，ある期日の迫った仕事をしていて，苦手な上司がいろいろ口出ししてくるんですね。「あの仕事ははかどっているのか」とか「期日までに間に合うのか」とかいろいろと。
　何かいつも僕の方を見てるようで，ずっとびくびくしていました。
セラピスト：上司がいろいろ言ってきたりいつも見られているようで，嫌な感じがしたんですね【明確化の応答】。
クライエント：（黙ってうなずく）

セラピスト：その時どんな気持ちになったのでしょうか【SQ③】。

クライエント：えっと……（沈黙）。

セラピスト：わかりづらいですか。たとえば不安感とか落ち込みとか悲しいとか，そういった喜怒哀楽の感情でいうと……【SQ④】。

クライエント：それならやっぱり落ち込みでしょうか。がっくりきて憂鬱になるというか……。

セラピスト：そうすると，落ち込みや憂鬱な感じがするということですね【明確化】。その感じがした時，どんなことを考えていましたか【SQ⑤】。

クライエント：え？（……）憂鬱で，嫌だなあって……。

セラピスト：はい，今言われたのは憂鬱という感情ですね。前に説明したように思考を探していただきたいのです。たとえば，上司がいろいろ言ってきた時に，「この人は僕にばっかり小言を言って，嫌なやつだなあ」と思ったのですか【SQ⑥】。

クライエント：いいえ！　そうじゃなくて，やっぱり僕は仕事を任せられないやつだと思われてるんだな，と思いました。

セラピスト：ああなるほど。仕事を任せられないと思われてると考えたのですね【明確化】。

クライエント：そうです。いつもそう思ってますよ，その上司には。

　この例は，心理教育はしたもののまだ十分に認知モデルを理解していないクライエントに対して，不快な感じをもった状況を確認し，その際の感情を例をあげながら引き出し（SQ④），最後に自動思考を聞き出している。このクライエントはまだ自動思考というものを十分把握していないので，セラピストはあえてクライエントがもっているであろう自動思考とは異なる（むしろ反対の）自動思考を示して（SQ⑥），クライエントが自分の自動思考に気づき，表現しやすいよう促している。このように，ソクラテス式質問法は単にオープンクエスチョンでクライエントに答えてもらうだけでなく，感情や思考の例を示したり，SQ⑥のようにクライエントがまだ気づいていな

いがもっているであろう言葉を予測して，それを表現しやすいように質問を選ぶこともある。

2. 自動思考，信念，スキーマのとらえ方

　認知療法の中心になるのは文字どおり認知であり，一般的には思考と呼ばれるものである。認知モデルで示したとおり，思考はある状況において生起し，ある特定の感情に結びついている。思考だけが単独で存在するのではない。ある状況，結びついている感情，その場面に特有の思考という3つの関連があって初めて，認知アセスメントが構成でき，それに基づいて介入ができるということである。認知療法では，認知は階層化されていると考えられている。最も浅いレベルにあり意識されやすい思考は自動思考と呼ばれ，より深い層にあり意識されにくい思考は信念やスキーマと呼ばれる。本節では，第1章3節で述べた自動思考，信念，スキーマのとらえ方を述べ，認知アセスメントの準備に資することとしたい。

1. 自動思考のとらえ方

　自動思考は，ある特定の場面において自動的に頭に浮かぶ考えやイメージであるが，通常意識には上っていない。それは，人はある状況においてはまず感情に先に気づくからである。特に日本人の場合，いわゆる情緒，感情を意識し表現しようとする文化的傾向が強く，思考（認知）を意識することは少ない。「～と感じる」という表現は多くは感情を表しているが，「～と思う」と言った場合でも感情を表している場合が少なくない（たとえば「もう絶望的だと思う」など）。自動思考をうまく引き出すことが，治療を推し進める鍵となる。

　自動思考を聞き出す問いはそれぞれの場合に応じて様々に言い表せるが，次のようなものが標準的である。

> 自動思考を引き出す基本的な問い:
> 「その時,どのような考えが頭に浮かんでいましたか」

　上に述べたように,「どう思いましたか」という問いは感情を引き出すことが多いし,「どう考えましたか」と聞くと日本人のクライエントは答えにくいだろう。自動思考を引き出す質問をする前に,自動思考とはどういうものを指すのかを心理教育しておき,「考え」と名詞のかたちで指示すると対象化しやすく,引き出しやすい。
　以下にいくつかのパタンに分けて,自動思考のとらえ方について述べていく。

①ネガティブな感情を体験した状況を聞く
　クライエントが不安や抑うつ感,いらだちといったような不快な感情をもった時の状況を言葉にしてもらい,その時に抱いた思考を聞く。この時,できるだけ具体的に状況を説明してもらうようにすると自動思考を取り出しやすい。以下にこのパタンにおけるやりとりの例を示す。ここでのクライエントは30代の男性会社員で,主訴は抑うつ(仕事や生活全般に対する意欲の低下,体が重くだるいなど),職場でネガティブな感情を生じやすく,特に上司との関係に葛藤を抱いている。

　セラピスト:そうするとあなたは,チームリーダーのMさんとのことが元で嫌な気持ちになったのですね。
　クライエント:そうです。
　セラピスト:どんなことがあったのですか。
　クライエント:月末までに仕上げなければならない仕事のことで,夕方パソコンの前に向かっていた時,Mさんがちょうど出張から帰ってきた

んです。

セラピスト：その時どんな気持ちになったのですか。

クライエント：うーん，そうですね。何というか，とてもつらくなってきて，仕事の手が止まってしまって……。

セラピスト：つらくなって，手が止まってしまった。

クライエント：そうなんです。

セラピスト：その時，どんな考えが頭に浮かんでいましたか。

クライエント：どんな考え？　うーん……，きっとMさんは「まだ例の仕事をやり終えていないようだな。ほんとに仕事のできないやつだ」と思っているだろうと……。

この例では，不快な感情が起こった状況を聞き，次いで感情を，最後に自動思考を順に聞き出している。ここで，質問によって自動思考を引き出すことのみにとらわれず，クライエントの言動や気持ちを受け止め，共感を示しながら進めることが肝要である。

②ネガティブな感情を体験した時をイメージしてもらう

ある特定の状況をクライエントに思い起こしてもらい，セラピストが誘導しながらイメージさせ，その中での自動思考を聞き出す。できるだけ具体的にその場面をイメージできるようセラピストは工夫する必要がある。

セラピスト：それでは，今まさにチームリーダーのMさんが帰ってきたところをイメージしてもらえますか？　今あなたはデスクでパソコンに向かって仕事をしています。そこにMさんが出張から帰ってきてあなたの横を通っていきます。イメージできますか？

クライエント：ええ。何とか思い浮かびます。

セラピスト：Mさんは何か言っていますか。

クライエント：いいえ，何も。

セラピスト：では，どんな表情をしていますか。
クライエント：むすっとした顔をしています（……沈黙……）。
セラピスト：どうしました？
クライエント：……，不安になってきました。
セラピスト：今，どんな考えが頭に浮かんでいますか。
クライエント：「おれが出張に行って帰ってきてるのに，まだ例の仕事が終わってないのか。ほんとに出来の悪いやつだな」と思われてるのではないかと……。

③ロールプレイを通して自動思考を引き出す

①，②の方法でも自動思考がうまくとらえられない場合は，面接の中で実際にロールプレイをすることで現実と類似の場面を作り出し，自動思考を引き出すようにする。クライエントが本人の役を，セラピストがその場面における相手の役をすることになるが，現実場面を再現するのでリアルにその時の感情を引き出すことができる。

セラピスト：それでは，自動思考を確認するために，会社での場面をここで再現してみませんか。
クライエント：今ここでするのですか。
セラピスト：そうです。実際に演じてみるとその時の気持ちや考え方が出てきやすいのです。
クライエント：わかりました。それならやってみます。うまくいくかどうかわかりませんが……。
セラピスト：うまくやろうと思わなくていいのです。とにかくやってみましょう。私がMさんの役をしますので，あなたはその時の自分を演じてください。

クライエントがうまく演じられないことも多いので，適宜セラピストがア

シストし励ましながら進めることが肝要である。また，実際の場面を演じることでクライエントがネガティブな感情に圧倒されることもあるので，必要以上にストレスを与えないよう注意する。

以上3つのパタンのうち，①のネガティブな感情を体験した時の状況を聞きながら自動思考を聞き出すことが一般的で，作業も進めやすいので最も多く使われる。

2. 信念，スキーマのとらえ方

自動思考をとらえてそのパタン（考え方のクセなど）を検討し，合理的思考ができるようになると，多くのクライエントはネガティブな感情が減少し，うつや不安といった症状も軽減するものである。しかし，パーソナリティー障害のような（DSMでいう）Ⅱ軸の障害をもつクライエントや，Ⅰ軸の問題をもつ場合でも重症の問題や症状のある場合は自動思考の変容だけでは問題や症状は軽減しない。このような場合は，複数の自動思考の背後に共通している信念（またはスキーマ）に焦点を当てる必要が生じる。以下に，まず信念の心理教育の仕方を説明し，次に信念のとらえ方について，媒介信念と中核信念に分けて述べる。

①信念の心理教育

第2章2節で述べたように，認知療法では面接の初期に認知モデルや治療過程全般についての説明を行い，クライエントに概念や方法を学習してもらう手続きを重要視する。面接で治療上の新しいトピックスが出てくるたびに，それについての心理教育を行うが，信念もクライエントには容易には理解しがたい概念であるので，信念とは何か，どのように形成され維持されるのか，それが日常の行動や感情にどのような影響を及ぼすか，そして信念を変えることでどのような効用があるのかについて伝えて理解してもらう必要がある。クライエントが自分で信念について説明できるようになるのを確かめた上で，次の信念をとらえる作業に入ることが望ましい。

②媒介信念のとらえ方

　媒介信念には，第1章3節で述べたように断定型信念，仮定型信念，義務型信念がある。それらを明確に区別しながらクライエントのもつ媒介信念を確定していく作業を行う。

・自動思考をとらえる中で確認する

　　本節1で示したような自動思考を聞き出す作業をしている中で，媒介信念や中核信念を述べることがある。クライエントが言った考えが信念であることを指摘し，理解できるよう確認する。

・「もし〜ならば」型の言い方を見つける

　　媒介信念には，「〜ということは……だ」のような断定型信念，「もし〜ならば……である」といった仮定型信念，「〜しなければならない」という義務型信念があることは第1章で述べた。このうち「もし〜ならば」のかたちで表される仮定型信念が最も多く，クライエントにも理解されやすい。次の，不安症状をもつ20代女性のケースを見てほしい。

セラピスト：お母さんと話していると，だんだん不安になってくるとおっしゃってましたね。
クライエント：そうなんです。昨夜も母と，今日出かける段取りのことで話していて，いろいろ意見を言い合ってるうちにちょっと口論になったんです。途中から私は黙りがちになって，母から一方的に言ってくる感じになりました。
セラピスト：その時どんな気持ちがしましたか。
クライエント：何も言えなくなってきて……。何だか緊張してきて，どきどきしてきて，不安というか。
セラピスト：その時，どんな考えが頭に浮かんでいましたか。

クライエント：自分の意見は言ってはいけないというか，母はいつも正しいことを言う気がして……。
セラピスト：お母さん以外の人とは，同じ場面ではどうなりますか。友達と話す時などに。
クライエント：やっぱり，友達が正しくて，私が間違ってるので意見は言えなくなります。
セラピスト：ではこういうことでしょうか。お母さんと話す時も友達と話す時も同じように感じてしまう。つまり，もし相手が話していれば，自分の方が間違っているので意見を言ってはいけないと【仮定型信念】。
クライエント：そうです。

・複数の自動思考に共通して見られる媒介信念を見つける

　クライエントがいろいろな状況で述べる自動思考をまとめて，それらの背後に共通して見られる信念を指摘する。時には数回〜数十回前のセッションで述べられた自動思考を持ち出してくることもあるので，セラピストはクライエントが述べる思考をよく覚えて，記録して残しておき，いつでも取り出せる準備をしておく必要がある。

クライエント：今度任されたプロジェクトも自信がありません。きっとうまくいかないと思います。
セラピスト：以前の仕事の時も同じようなことをおっしゃっていましたね。
クライエント：そうですね。
セラピスト：その時はどう思っていましたか。
クライエント：やはり憂鬱な気持ちでした。何も手につかないというか……。
セラピスト：その時はどんな考えが頭に浮かんでいましたか。
クライエント：うーん……，今からやる仕事もまたうまくいかないだろうなあと思っていましたね。

セラピスト：そうすると，今度任された仕事も自信がないし，以前も同じように今からやる仕事もうまくいかないと考えたのですね。
クライエント：そうです。
セラピスト：何か，今から新しいことを始めるとうまくいかないのではないかという考えが共通しているようですね。それは以前に説明した「もし〜ならば」という言い方で表すことのできる仮定型信念ではないでしょうか。
クライエント：ああ，そうですね。言われてみれば確かにそうです。

③中核信念のとらえ方

　中核信念は，「私は出来が悪い」，「私は人に好かれない」，「私には価値がない」の３つに分類できる。クライエントがこれらの区別ができるようにして，それぞれの中核信念の意味をしっかりとつかみ，理解してもらうことが前提である。中核信念を扱うことがクライエントの認知を全体的に扱う最終的な段階であるので，中核信念の概念とそれが感情や行動，そして生活全体に与える影響を客観的に把握しておくことが重要となる。

・自動思考の中に表れる中核信念を指摘する

　媒介信念と同じように，自動思考を述べている間にも中核信念が見つかることがある。セラピストはそれが中核信念であることを指摘して，根底にある認知構造であることをよく理解させる。

・複数の媒介信念に共通する中核信念を見つける

　自動思考の中で共通する媒介信念を見つけることと同様に，媒介信念を繰り返し確かめる中で，それらのうちに共通する中核信念を探していく。中核信念は「私は出来が悪い」のような言い方に見られるように，媒介信念に比べて断定的でわかりやすく短い文章で言い切れるため，セッションの比較的早い回から出現し，セラピストもそれを指摘したくなるものであ

る。しかしクライエントにとっては，大ざっぱすぎて具体例との結びつきが弱く，自己の体験との関連を理解しにくいことが多い。ゆえにあまり早期から中核信念を指摘するのではなく，意識しやすい順に自動思考，媒介信念の情報を集めて，最終的に中核信念の指摘を行うのが望ましいだろう。

・下向き矢印法を用いる

　クライエントが意識している考えについて質問を重ねていくことで，徐々に自動思考や媒介信念の背後に存在する中核信念を浮かび上がらせることができる。自動思考が見られた時に，「もしそうだとしたら，どんなことが起きるのでしょうか」，「それはあなたにとって，どういうことを意味しますか」と聞いていく。質問することで，クライエントは自分の考えの背後にある意味に次第に気がつくようになり，それを深めていくと最後に中核信念に行き当たる。

　このような質問は，クライエントにとっては答えにくいものである。「意味とはどういうことですか」という答えが返ってくることも多い。特にものごとを理屈で（論理的に）考える習慣のない人によく見られるようである。そのような時はセラピストが答え方を例示して，誘導しながらクライエントを援助することが有効である。下向き矢印法の使用例を以下に示す。

セラピスト：職場でチームリーダーのMさんがそばを通った時，憂鬱な気持ちになったのですね。その時，頭ではどんなことを考えていましたか。
クライエント：うーん……，Mさんは僕のことを「仕事ができないやつだな」と思っているだろうと考えました。
セラピスト：仕事ができないやつだ，と思われるということは，あなたにとってどういうことを意味しますか。
クライエント：え？　意味？（……）意味するってどういうことですか？　どう言っていいかわからないです。
セラピスト：そうですか。ちょっとわかりにくい質問ですよね。たとえば

例をあげると,「仕事ができないやつだ」と思われると,「それは誤解だ。僕はどんな仕事も順調にこなせる。Mさんは人を見る目がないし,思い込みの激しい人だ。僕はこうやって冷静にものごとを見られる優秀な人物だ」ということでしょうか。

クライエント:いいえ,とんでもない! 僕は優秀な人物なんかじゃありませんよ。まったく反対です。

セラピスト:ということは?

クライエント:Mさんから見ても他の同僚たちから見ても,仕事のできない人だと見られているに違いないです。

セラピスト:Mさんにも同僚たちにも仕事ができないと見られている。それはあなたにとってどんなことを意味しますか。

クライエント:僕は何をやってもうまくいかない,ダメな人間だということです【中核信念】。

この例のように,クライエントがうまく答えられない時は,セラピストが質問したり答えの例を提示する。ここではクライエントがおそらく抱いている媒介信念や中核信念とは異なる(正反対の)考え方をセラピストが予想し,やや誇張したかたちで例示している。クライエントは自分の信念とは反する言い方に反応し,反対意見を述べるかたちで答えており,そこから中核信念に至ることができた。

3. 認知モデルによる概念化

クライエントにソクラテス式質問法を用いて,問題が起こる状況,その時に生じるネガティブな感情,その時に浮かぶ自動思考を聞き出し,さらに自動思考の背後にある媒介信念と中核信念(またはスキーマ)を調べると,問題全体の輪郭がはっきりと見えてきて,そのクライエントのアセスメントがまとまったかたちで確定されてくる。そのような作業を症例の概念化

(Persons, 1989) や認知的概念化 (Beck, 1995) と呼ぶ。本書では，認知療法の基礎にある理論である認知モデルを常に念頭に置き治療を進める必要性から，このような概念化の作業を認知モデルによる概念化と呼ぶ。

図1は，ここまで例示してきたうつ症状を呈する30代男性会社員の認知モデルによる概念化を図示したものである。クライエントと話しながらこの概念化図に書き込んでいく作業を行い，概念化を共有する。クライエントがこの図を見ることで自分の問題を客観的に見ることができ，それだけでネガティブな感情が和らぎ，不安などの症状が軽減することもよく見られること

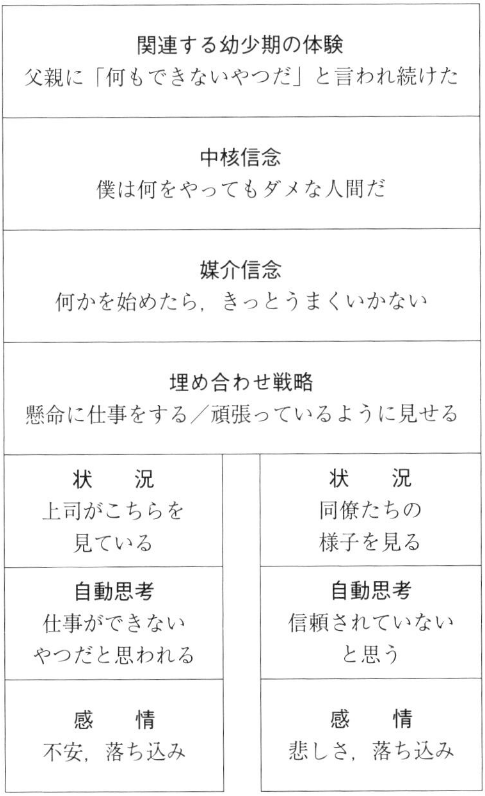

関連する幼少期の体験
父親に「何もできないやつだ」と言われ続けた

中核信念
僕は何をやってもダメな人間だ

媒介信念
何かを始めたら，きっとうまくいかない

埋め合わせ戦略
懸命に仕事をする／頑張っているように見せる

状　況	状　況
上司がこちらを見ている	同僚たちの様子を見る
自動思考	自動思考
仕事ができないやつだと思われる	信頼されていないと思う
感　情	感　情
不安，落ち込み	悲しさ，落ち込み

図1　うつの会社員の認知的概念化図

である。また，問題が整理され治療方針が明確になることで治療への動機づけが高まる。概念化の作業は当然治療の初期に行われることになるが，一つの問題について繰り返し改訂することもある。クライエントとセラピストがお互いに納得して，合意しながらセッションを進めていくことが肝要である。

図2は，対人恐怖症状を呈する20代女性の認知モデルによる概念化図である。ここでは中核信念の形成に影響があったと思われる幼少期の出来事の体験を記入している。うつ症状や不安症状はあるがパーソナリティーの問題が見られない比較的軽症のクライエントの場合は，自動思考の変容が進めば

関連する幼少期の体験
子どもの頃，親の前でいい子でいれば認められた

中核信念
私は人に愛されない

媒介信念
いつも相手に気を遣っていれば好かれるだろう

埋め合わせ戦略
いつも相手に合わせる／認められるよう一生懸命に努力する／相手の顔色に十分注意する

状　況	状　況
相手が無表情である	向こうの方からこちらを見ている
自動思考	自動思考
自分の言動で気分を害したのだろう	変なやつだと思われている
感　情	感　情
不安感，罪悪感	不安，逃げ出したい気持ち

図2　対人恐怖症状をもつ女性の認知的概念化図

感情や行動の問題が軽減することが多いが，症状の背後にパーソナリティーの問題をもつクライエントの場合は自動思考への介入だけでは十分ではなく，信念やスキーマが問題になり，さらに信念形成の元になった幼少期の出来事の体験を引き出して確定しておくことが必要になってくる。このような場合は，そのクライエントの現在の問題から過去の起源まで，顕在的な行動，感情，認知のレベルから通常なら意識に上らない信念および過去の体験まで，非常に広い全体像が把握され，治療的介入の準備が整ったことになる。

第4章

認知療法の介入技法

　治療の初期に第3章で述べたアセスメントの作業を進め，クライエントの問題の全体像および具体的な把握ができ，なおかつそれがクライエント自身にも共有された時点で治療的介入が始まる。認知療法の介入技法は，認知的技法，行動的技法，感情的(体験的)技法の3つの技法に大きく分かれる。認知療法はあくまで認知モデルに基づき，認知の変容によってネガティブな感情や不適応行動を改善することが目的であるので，いずれの技法も認知の変容を最終的な目標とすることに注意されたい。つまり，行動への介入や感情への介入によって，結果として認知そのものの変容につなげるわけである。以下に順を追って各技法を説明していく。

1. 認知的技法

　認知療法はネガティブな感情や不適応行動の背後にある認知を変容することが治療メカニズムであるので，認知的技法が中心的な技法となるし，実際に最も多く使用される。まず認知的技法の基本となる自動思考への介入から始め，次いで最も頻繁に使われる技法として思考記録表を紹介する。最後にその他の各種認知的技法を簡略に述べる。

1. 自動思考への介入

　自動思考に介入する前に，その思考がどのような水準のものかを確認しておく必要がある。つまり，取り上げようとする自動思考が，現在のクライエ

ントにとってどのぐらい重要か，引き起こされるネガティブな感情や不適応行動はどの程度のものか，クライエントはその自動思考をどのくらい確信しているのか，そもそもそれは非合理的で修正すべき思考なのかどうか，といったことである。

　クライエントが述べる自動思考が，すべて問題をもつものであるとは限らない。精神的に健康な人であれば，多くの状況においておおむね合理的で現実的な自動思考をもち，適応的に生活を送るものである。クライエントが述べる自動思考も，たとえネガティブな感情や行動を伴うとしても，非合理的とは言えず，その状況において普通に生じる思考であることもある。次の例を見てほしい。

　　セラピスト：最近仕事のことで嫌な気分になったことはありますか。
　　クライエント：ええ，昨日も不安になったことがありました。
　　セラピスト：どんなことですか。
　　クライエント：今，1カ月後の期日までに仕上げないといけないプロジェクトがあるのですが，準備することが多くて，なかなかはかどらないんです。同時進行の仕事も抱えていて，このままでは期日までに間に合いそうもありません【思考①】。
　　そう思うと不安になるんです。納品する先方の会社に，馴染みの担当者がいるのですが，また「いつもながら仕事が遅いな。この仕事には向いてないんじゃないか」と思われそうで【思考②】。
　　とても憂鬱な気分になりました。
　　セラピスト：そのプロジェクトは，他の人ならうまくこなせそうなものですか。
　　クライエント：いいえ。毎年同じ業務を誰かが担当するのですが，皆苦労していて，期日までに終えられる人はほとんどいませんね。最後は部署の皆が総出で手伝うことになるんです。
　　セラピスト：なるほど。他の人がやっても期日までにはこなせないんす

ね。先方の担当者が「この仕事には向いてないんじゃないか」と以前言っていたのですか。
クライエント：いいえ，言われたわけじゃないんですが……。そう思われるんじゃないかと思うんです。

　この例では，ある状況について2つの自動思考が生じている。【思考①】は「期日までに仕事を終えられない」という考え方，【思考②】は「この仕事に向いていないと思われる」という考え方である。クライエントが言う業務は，他の人が担当してもうまく処理できないということなので，この自動思考は妥当である。よってこの認知を修正しようとしてもできないし，その必要もない。ここはその自動思考を認めて，その問題に対処する方法を考えるべきである。認知療法ではこのように自動思考は妥当であるとして，それをうまく処理する問題解決法（61頁を参照）を考え，実践することも有効な方法の一つとなる。
　では，自動思考への介入技法についていくつかをあげていく。

・その自動思考が確かである証拠はあるか？
　　クライエントは自分の考えていることが本当だと思っていて，他の考え方はほとんどしていないのが普通である。それゆえ「その考えの証拠は？」と聞かれると，最初はとまどい，答えられないことが多い。時には「証拠なんてありませんよ。だってそうに違いないから」と断定することもまれではない。それでも穏やかに証拠について聞いていくと，そう思うに至った出来事を述べてくれるものである。この時，証拠をあげながらもクライエントがその不確かさに気づき始めたようであれば，そのことを明らかにすることを手伝い，その考えが現実的でないということをセラピストとの間で共有することもできる。

・他の考え方ができるだろうか？

これは最も直接的な自動思考への質問法である。セッションの初期，まだ自動思考への十分な検討ができていない段階でこの質問をすると，当然クライエントは答えにくいだろう。他の技法を使い，自動思考を十分に，あるいはある程度検討してクライエントが自動思考の不合理さや他の考え方ができる可能性に気づいてから質問するのが望ましい。ただ，ネガティブな信念の程度が比較的低く，適応的な信念をもっているクライエントの場合，「他の考え方ができるだろうか」という質問によって合理的，現実的な考え方が出てくることもある。

　いずれにしても，クライエントの精神病理の程度や認知モデルによる概念化を的確に行い，介入の基礎とすることが重要である。

・今後起こりうる最悪の結果，最良の結果，現実的な結果を聞く

　クライエントが現在の状況を続けるとして，将来生じうる最悪の結果を聞く（Beck, 1995）。ここでクライエントは自動思考に一致する最悪の事態（会社をクビになる，発作で人ごみの中で倒れて誰も助けてくれない，恋人に裏切られ捨てられる，など）を述べるのが通常である。次いで，最良の結果を聞く。普通クライエントはこの質問に少しためらうが，セラピストがアシストして時間をかけて聞いていくと答えが出てくる（上司に仕事を認められる，発作はすぐに治まり普通に過ごせる，恋人に大切にしてもらえる，など）。最後に現実的な結果はどうなるか聞く。たいていのクライエントは，最悪な結果と最良の結果の中間にある結果を考えることができる（うまくいかないながらも会社にいるだろう，時間がたてば発作が治まり何とか帰宅できる，葛藤しながらも彼とは関係を続けられるだろう，など）。

・他者の視点で見る

　クライエントがもっている自動思考を，誰か他の人（知人や友人，家族など）がもっていると仮定して，その人に向かって何と言うか尋ねる。た

とえば,「仕事がうまくはかどらず,上司からあきれられ,周りからもばかにされている」と思っている同僚がいるとして,その人にどのように声をかけるかを聞くと,「確かに仕事は少し遅いかもしれないが,一生懸命やっているし,上司は決して非難していないと思うし,他の社員も同じようにうまくこなせない人が多いから,誰もばかになんてしてないよ」といったように,現実的な思考をもてることが多い。

2. 思考記録表の作成

認知モデルに基づいて,表の中で状況,感情,思考を分けて表し,自動思考を検討した結果導き出した合理的・現実的思考を記入し,その結果ネガティブな感情がどのように変化したかを書いて完成させる方法がある。ベック (Beck, A. T.) (Beck et al., 1979) が非機能的思考記録 (Dysfunctional Thought Records; DTR) として開発したものである。その後様々な臨床家が改良を加え,根拠や反証を問う質問を指示したり (Padesky & Greenberger, 1995),自動思考と同時に信念も記入したり (Leahy, R. L.) といった様々な方法がある。**表1** は,その中でも最もシンプルな例である。記入作業の手順は以下のとおりである。

①思考記録表の心理教育

実際に記録を始める前に,思考記録表を作る意味と,その効用についてク

表1 社交不安障害の男性の非機能的思考記録

状　況	感　情	自動思考	合理的思考	結　果
友人が少ない	不　安　80 劣等感　80	友人に好かれない 自分は恥ずかしい 存在だ　90	これから人間関係 をよくするスキル, 考え方を身につけ ればよい　70	1. 80 2. 70 　 75
知人と話す	不　安　80	おどおどしている のがわかり見下げ られる　100	相手は話に一生懸 命で,こちらを気 にしていない　60	1. 70 2. 60

ライエントに説明し，十分に理解できるようにしておくことが重要である。それは，セッションの中で使った思考記録表を，セッションの間や治療が終わった後でクライエントが自分で使えるようにするためである。この時，抽象的な説明ではなく，一般的な例やクライエントに身近な例を用いて具体的に例示すると実感しやすく，理解も進みやすい。

②最初の3つのパートへの記入

　いきなり5つのパートへの記入を始めるのではなく，最初は状況，感情，思考の3つのパートへの記入を行い，ホームワークでも自分で3つのパートに的確に記入することができるようにする。この時，ネガティブな感情の強さを，最大が100％，最少が0％として程度を確かめて記入してもらう。

③後半の2つのパートへの記入

　状況，感情，思考のパートへの記入がうまくできた時点で，合理的思考，結果（自動思考と感情の変化）への記入を始める。まず，自動思考を現時点でどの程度信じているかの確信度を聞く。完全に信じていれば100％，まったく信じていなければ0％であると定義し，クライエントに判断してもらう。その後，本節1で述べたような自動思考への問い，また，第1章3節で説明した考え方のクセ（9頁を参照）をクライエントに指摘してもらったり，セラピストがソクラテス式質問法で誘導したりしながら，自動思考の不合理性，非現実性を確かめていく。最初は断片的で途切れ途切れに話す新しい思考を徐々に一つの簡潔な文章にまとめていき，それをクライエントに合理的思考として記入してもらう。そしてその新しい思考の確信度を聞き，合理的思考を確定する。

④ネガティブな感情の変化の記入

　まず，新しい思考（合理的思考）が完成した結果，元にあった自動思考の確信度が現在はどの程度になったかを聞く。たいていは最初の確信度より

10％以上少なくなっていることが多い。次いで，最初のネガティブな感情の強さが現在はどの程度かを聞き記入してもらう。ここでも10％以上減少していることが多い。

　思考記録表は論理的に構成されており，作成する手順も決まっているので，それを理解しながら記入していくことにとまどうクライエントもいる。特にものごとを理屈で考える習慣のない人には理解しがたく，中には「思考記録表を理解できずうまく作成できない自分は，能力がなく劣っている」という自動思考を抱くクライエントもいる。その時はその自動思考を指摘し，「初めから完全にできなくてもよい」という現実的思考を導く必要がある。また，どうしても思考記録表に取り掛かることがうまくいかず，そのために落ち込んだり不満になったり，時に怒り出すような場合は，無理に続けず本節1で述べたような質問法を用いて自動思考の検討を続けた方がよい。

3. 信念への対応

　自動思考への介入を行っても十分な症状の改善が見られない場合は，媒介信念や中核信念，またはスキーマへの対応が必要となる。また，自動思考を検討している途中でも，信念やスキーマが出現してくることもあるので，その時の状況によっては信念への介入を行うこともある。一般的に，精神病理の水準が高い神経症レベルのクライエントは自動思考の変更によって症状や問題が軽くなることが多いが，水準の低いパーソナリティー障害のレベルのクライエントは，信念への介入が必要となる。ヤング（Young, J. E.）が提唱したスキーマ療法は境界性パーソナリティー障害や自己愛性パーソナリティー障害などのパーソナリティーのレベルへの介入として開発されたものであり（Young et al., 2003），スキーマの項目はパーソナリティー障害の各診断名の特徴にほぼ対応している。**表2**は，各スキーマ領域と各パーソナリティー障害の類型の対応を示したものである。なお，下位スキーマの種類によって，他のパーソナリティー障害の特徴と重複するところもあるので注意されたい。

表2 スキーマ領域とパーソナリティーの類型の対応

スキーマ領域（下位スキーマ）	パーソナリティー障害の類型
断絶と拒絶 　見捨てられ／不安定，不信／虐待 　情緒的剝奪，欠陥／恥	境界性
自律性と行動の損傷 　依存／無能，損害や疾病に対する脆弱 　性，巻き込まれ／未発達の自己，失敗	依存性，回避性
制約の欠如 　権利要求／尊大，自制と自律の欠如	自己愛性，演技性，反社会性
他者への追従 　服従，自己犠牲，評価と承認の希求	受動攻撃性
過剰警戒と抑制 　否定／悲観，感情抑制， 　厳密な基準／過度の批判	強迫性

　以下に，信念への介入について，認知的技法を紹介していこう。なお，信念は媒介信念と中核信念とに区別されるが，ここでは特に断りのある場合を除いて，両方の信念に共通する介入技法として述べている。

・有利な点と不利な点を比べる

　クライエントがその信念をもち続けた場合，それが有利に働く場合と不利になる場合とを考えてもらい，表にして例示する。**表3**は，「自分は能力がなく，周りから見下げられている」という信念をもつクライエントの例である。たいていのクライエントは，有利な点はすぐに出てくるがあまり多くの点をあげることができず，不利な点は出てくるまで時間がかかるが，ゆっくり考えてゆくと有利な点よりも多くあげられるのが普通である。この表を完成して検討することにより，現在において考えている信念をもち続けることが不利に働くことに気づき，その信念を捨て新しい信念をもつ動機づけが高まる。

・絶対的思考から相対的思考への変換

　うつや不安の症状をもつクライエントは，ものごとを0か100か（すべてか無か）で考える傾向が強い。そのようなクライエントに，0と100以外にも多くの可能性があることを図示して知らせる方法である。表4は，「この仕事がうまくできなかったら，本当に何もできないということだ」という媒介信念をもつクライエントのものである。最初このクライエントは，「仕事が完全にうまくいく」か「うまくいかない」かのどちらかしか想定していなかった。前者を100点，後者を0点として尺度上に書き込み，ソクラテス式質問法を繰り返し，この2つの考えの間の文章を考えてもらい，書き込んでもらった。その結果，「まあまあ完全に近くうまくいく」が80点，「期日までに間に合わず，不完全ながらも上司からOKが出る」が20点，期日ギリギリでできて，自分では満足いかないが上司からは何も言われない」が40点，というように尺度上を埋めることができた。最終的に，今までの同様の場合はどうであったかを問うと，「期日の半日前に完成し，上司からは1回は書き直しを指示されるが，二度目の書類は上司も認めてくれる内容で，ねぎらってもらえることが多い」とのことで，

表3　有利な点と不利な点の比較

「自分は能力がなく，周りから見下げられている」と考えることの

有利な点	不利な点
失敗しても納得できる 能力のなさをカバーするために頑張れる	いつも自信がないままだ 憂鬱な気分が続く 諦めてしまう いつも周りを気にするようになってしまう いつも不安な気持ちでいなくてはならない

表4　絶対的思考から相対的思考への変換

0			50		100
完全に失敗する	不完全ながらもOKが出る	満足できないが何も言われない	まあまあ完全に近くうまくいく		完全にうまくいく

尺度上での過去の点数はおおむね70点ぐらいであることが判明した。その後，他の状況でも0か100かの考え方をしていないかどうかを検討していったところ，ほとんどの状況でこのような絶対的な考え方をしていることに気づいていった。

この例のように，極端で絶対的な信念をもつクライエントに対して，ソクラテス式質問法を巧みに用いて中間思考を導き出すことで，具体的な自動思考の背後にある信念を修正していくことが可能になる。

4．自動思考と信念に共通する技法
①コーピングカード

名刺大からノート1枚分くらいの紙を用意し，日常でネガティブな気分や感情が生じた時に見るための対処法を記述させる。書き方は様々であるが，おおむね次のような書き方がある。

・セッション内で考えた，新しい考え

「ものごとは完璧にできなくてもよい」，「パニック発作は，時間をやりすごしていると徐々に治まってくる」，「メールの返事がすぐに返ってこないといって，嫌われたわけではない」など。

・気分が落ち込んだり，不安になった時の対処法

ここでは主に，行動的な対処法を書くことが多くなる。たとえば強迫性障害のクライエントなら，手が汚れたと感じて洗いたくなる衝動が生じた時に，「手を後ろに回して，洗わないように我慢しよう」，「いつもより手洗い回数を2回減らそう」，「外出して他のことに気持ちをもっていこう」と書いたカードを見て症状を減らす努力をする。

・古い思考や信念と，新しい思考や信念との対比

カードの上と下，または表と裏に，今までもっていた自動思考や信念と，セッションの中で新しく考えた思考を書き，その状況に陥った時に，まず古い方を読み，次いで新しい方を読むようにする。何度もこの作業を繰り返すことによって，古い考えを新しい考えに変換する学習が進んでいくことが期待される。

②問題解決法

　認知療法は認知の変容だけが対象であると思われていることが多いが，クライエントが述べる自動思考や信念は，決してすべてが非合理的，非適応的であるわけではない。クライエントが述べる考えを丹念に聴いて，それが合理的な考えである場合は修正する必要はなく，その状況をうまく乗り切れるような解決法を一緒に考えたりセラピストから提示することが有効となる。次に示すのは，会社不適応を起こしているうつ症状をもつクライエントで，「復職に向けて，朝きちんと起きて準備する必要があるができない」という問題への問題解決法である。このクライエントは，「他の人より仕事ができず劣っている」や「他の人と違って対人関係をうまくとれない」といった考えをもっていた。それらの考えのあるものは非合理的であり，あるものは現実に即していた。「朝きちんと起きて準備する必要がある」という考えは，社会復帰に向けて妥当で望ましい目標であるので，順調にそれを達成できるように課題を設定し，解決法を作成した。

2. 行動的技法

　認知療法は認知行動療法と呼ばれることからもわかるように，行動的技法が多用される。それは行動療法からの技法のこともあるし，認知療法特有の技法もある。行動療法で用いられる技法を使うにしても，行動理論（正確には学習理論）を基礎理論とした技法というわけではなく，あくまでも行動を媒介として認知の変容を図ることが目的であることに注意してほしい。

①行動スケジュール法

　特にうつ症状をもつクライエントに適用される技法である。うつのクライエントは意欲低下や体の重さなどの症状から，活動力が低下して行動量が減少する傾向が強い。行動しなくなるとさらに気分が落ち込んで意欲が低下し，ますます行動しなくなるといった悪循環に陥りやすい。そのようなクライエントに対して，行動をモニターし，行動量を増加させて活動力を高めるための方法が行動スケジュール法である。表の中で日付別に分けて1時間ごとに空欄を作り，その時に行った行動を記入していく。そしてその行動を行ったことでどのくらいそれをやりこなした実感があるか（達成感）と，どれぐらいの快さや爽快さの気分が残ったか（快適度）を1点から5点の尺度で判定し記入するようにする（表5）。セッション間に記入してきた行動スケジュール表を検討し，達成感の強い行動や快適度の強い行動を確認し，それらを今後の生活の中で多く実行するようにすることで，その後の活動を増加させることが期待される。

②行動実験

　非合理的な認知をもっていると，そのような感情が生じる状況を避けてしまい，その結果自動思考や信念が変わらないままに残ってしまう。行動実験とは，非合理的な自動思考や信念のためにクライエントが恐れて回避している場面に，あえて行動することで恐れていた結果が伴うかどうかを確かめる方法である。第1章3節でも紹介した例であるが，たとえば「職場に朝出勤した時挨拶してくれない人が多い。皆に嫌われているに違いない」と考えているクライエントに，朝職場で相手の顔を見て挨拶してみる，という行動実験を提案する。実際にこれを試みたクライエントは，自分が相手の顔を見て挨拶すると，必ず相手も挨拶を返してくれることを経験し，当初の自動思考が体験的に否定されることになる。このクライエントの場合，今までは下を向いて会釈するだけで，相手の顔を見ておらず，その結果相手が挨拶してくれていることに気づかなかったり，相手の人も下を向いているクライエント

表5 行動スケジュール表

	月	火	水	木	金	土	日
9～10	朝食 M=2, P=2	朝食 M=2, P=2					
10～11	読書 M=2, P=3	横になる M=1, P=4					
11～12		散歩 M=4, P=3					
12～13	昼食 M=2, P=3	昼食 M=3, P=3					
13～14	昼寝 M=1, P=4	通院 M=2, P=2					
14～15	テレビ M=2, P=4	心理療法 M=4, P=5					
15～16	車を洗う M=4, P=4						
16～17							
17～18							
18～19	夕食 M=3, P=3						
19～20	テレビ M=2, P=3						
20～21	家族と話 M=3, P=3						
21～22	読書 M=4, P=4						
22～23	パソコン M=4, P=3						

に対応しづらかった可能性がある。

　行動実験をする場合は，この例のように実験すればまず間違いなく自動思考や信念が否定されるような行動を選ぶ必要がある。もし逆の結果が出れば，自動思考や信念をかえって強めてしまう場合があるので注意を要する。

③段階的エクスポージャー

エクスポージャーは，日本語で表現すると"曝露"となり，不安や恐怖感情を生じる対象や場面に直面することによって不快感情を弱めようとする方法である。行動療法でよく用いられる技法で，当初は系統的脱感作法と呼ばれていた。行動療法では最も頻繁に用いられる技法であり，その治癒メカニズムの根拠は学習理論の拮抗条件づけであり[注1]，常識的な心理的メカニズムは"慣れ"のようなものと考えてよいだろう。認知療法で用いる時は，学習理論のメカニズムに関係なく，行動を変えることで認知が変わり，その結果としてネガティブな感情や不適応な行動パタンが変容することが期待されることになる。"段階的"という言葉は，いきなり強い不安感を喚起する場面に直面するのではなく，まず一番不安感が弱い場面に直面し，そこでの不安感が弱まってから次の段階へと順次高めていくことを意味する。各段階では，不安感を弱める補助としてリラクセーション[注2]を用いたり，合理的思考を適用したりといった工夫をするとより効果が高まる。

④ロールプレイ

対人関係状況などの社会的場面において，ソーシャルスキルの不足のためうまく会話ができなかったり，スムーズな対人関係が結べないクライエントの場合，セラピストと共同で役割を決めて練習を行う。ロールプレイを行っている途中でも，自動思考は頻繁に出てくるし，その背後にある信念も浮かび上がってくることがある。そのような思考を取り上げ，認知への介入を行いながらロールプレイを続けることも効果をあげるだろう。実際にクライエントが困っている場面を再現するわけであるから，そこで出てくる様々な問

注1）不安に対して，リラクセーションのような拮抗する（両立しない）反応を，もともと不安を生じさせていた刺激に対提示することで，条件づけられた不安を消去する手続き。

注2）代表的なリラクセーション法に，自律訓練法（佐々木，1976），漸進的筋弛緩法（Barlow & Cerny, 1990）などがある。

題に対して，あらゆる技法を用いて対処することが可能になる。次に述べる感情的(体験的)技法の中でも，ロールプレイは重要な方法となっている。

3. 感情的(体験的)技法

　認知療法は認知そのものへの介入が中心となり，認知変容のための媒介としての行動への介入も比較的多く用いられる。もう一つ，最も表面に表れやすい感情に対しても介入することがある。感情そのものを直接変えようとするのではなく，認知を変えるための手段として感情にアクセスすることで治療効果を促進させることができる。感情は今ここでのリアルな状態なので，感情にアクセスし変容に結びつけるためには，セッションの中で介入によるワークを行い，体験的に技法を使うことになる。そこで感情に介入することは，必然的に体験的となり，ここでは感情的(体験的)技法と表現することとした。以下に，代表的な感情的(体験的)技法をあげていく。

1. 感情へのアクセス法

　クライエントが面接室へ持ち込んでくる訴えは，ほとんどが感情か行動の問題である。しかし，クライエントは多くの場合自分の感情を的確に把握しておらず，言語化できないものである。また，思考と感情の区別ができていないことも多い。そしてネガティブで激しい感情にクライエントが圧倒されているケースが多く見られる。セラピストは，穏やかで安全な雰囲気を作りながらクライエントに質問することによって，感情を出しやすくし，出てきた感情は否定せず受け入れて共感的理解を示し，感情を明確にし，クライエントがそれを把握しやすいように手伝う。

［感情へのアクセスの教示例］
「あなたはとてもつらい気持ち，たとえば不安とか落ち込みなどをもっているようです。でもあなたにとっては不快な気持ちを思い出すわけですから，

話すことでつらくなるかもしれません。また，そういう感情をもってはいけないとまで思っているかもしれません。でも，人はそれぞれの場合に応じた感情をもつものですし，それを誰も否定することはできません。そして，それを話してもらうと，また別の感情が出てくるかもしれません。

　（クライエントの感情が出てきた後で）……という気持ちになったのですね。その状況であなたがそのような感情になるのは当然だと思います。今，その時の状況を思い出すことができますか？　周りにどんな人がいますか？　あなたはそこでどうしていますか？　できるだけ詳しくその場面をイメージしてください。どんな気持ちになっていますか？　あなたの体はどんな反応を示していますか？　そして，どんな考えが頭に浮かんでいますか？」

　このような教示をゆっくり穏やかに続けることによって，クライエントが必要以上に苦しむことなく感情を出せるように援助する。途中でクライエントが過度に不安になったり，感情表現に強い抵抗があるようであれば，無理に表出させることはせず，より強度の低い感情を扱うべきだろう。クライエントに過度な負担をかけないようにすることが肝要である。

2. 思考と感情の対話
　一般にクライエントは，ネガティブな感情が優勢で，セラピストと共同で作り上げた合理的思考に対して「頭ではわかるのですが，どうしてもそう感じてしまうのです」とよく表現する。このようなクライエントに体験的に合理的思考を理解させるために，クライエントとセラピストがそれぞれ感情役，思考役を演じてロールプレイを行う。つまり，クライエントが非合理的または非機能的な思考に基づく感情を，セラピストが合理的，機能的な思考を演じるわけである。その後役割を入れ替えてロールプレイをする。セラピストの役割はモデルとなり，クライエントはそれを参考にして合理的な思考を演じ確認していく。

セラピスト：それでは，あなたは仕事のことで落ち込んでいるあなたの感情を演じてください。私は合理的な思考の役を演じます。よろしいですか？　ではまずあなたの感情，「私は仕事がうまくできないので，そのうちクビになってしまう。だから不安だし気分が滅入るんです」という言葉から始めてください。

クライエント：わかりました。私は仕事がうまくいかないので，いつかクビになるに違いありません。不安になって落ち込んでしまいます。

セラピスト：なぜクビになるとわかるのですか。そう判断できる理由はありますか。

クライエント：だって，今回もミスをしたし，上司はきっとあきれていると思います。

セラピスト：それでクビになるとどうして言えるのですか。今までやめさせられた人がいますか。

クライエント：いいえ。自分からやめた人は何人かいましたが，会社から退職に追い込まれた人はいません。

セラピスト：そうすると，前例がないことなので，クビになる可能性はないか，あってもごく例外的になるということですね。

クライエント：ああ，確かにそうですね。クビになることはないか。

セラピスト：いえいえ，あなたは不安で落ち込んだ感情の役を演じるんですよ。

クライエント：あ，そうか。（しばらく考えて）でもその例外に入ると思うんです。やっぱり不安は変わりません。

セラピスト：そうそう，その調子です。

クライエント：（笑う）

セラピスト：では役割を入れ替えましょう。今度はあなたが合理的な思考の役，私がネガティブな感情の役を演じます。いいですか。

クライエント：わかりました。

セラピスト：私は仕事がうまくいかないので，いつかクビになるに違いあ

りません。不安になって落ち込んでしまいます。
クライエント：ええっと，（しばらく考えて）どうしてクビになるとわかるのですか。
（以下ロールプレイが続く）

このように，役割を明確に説明し，演じることによって，思考と感情の内容を明確に対比させ，その違いを理解してもらう。この例のようにクライエントがセラピストの思考に同意してしまうこともよく起こるが，あくまでも感情の役を演じてもらうよう注意が必要である。その方が思考と感情の違いをクライエントがより明確に理解でき，役割を交代した時に思考の役割をとりやすくなる。

3. 幼小期の体験の再構成

クライエントのネガティブな感情が明確になってきた際に，子どもの頃に同様の感情がなかったかを尋ねる。クライエントが幼少期の記憶を想起したら，その時の様子を詳しく聞き出す。そして，その感情の元になったできごと（たとえば親とのやりとり）をイメージで再現してもらい，その時に形成された自動思考や信念を明確にし，変容を促す。具体例は本節 4 のイメージ対話技法で示されている。

4. イメージ対話技法

感情を伴う，よりリアルな体験を促すには，イメージを導入するのが効果的である。すでに，クライエントが訴えるネガティブな感情が生じた場面のイメージから自動思考を導き出す技法について述べた（39 頁を参照）。ここでは，治療的介入の際のイメージ技法の導入について説明する。

軽度から中程度のうつや不安の感情をもつクライエントは，自動思考のパタンを知り，合理的，現実的な思考に変容することで症状が軽減したり問題が解決に向かったりすることが多いが，重度の感情的症状や問題行動，また

はパーソナリティーの問題をもつ場合は信念やスキーマを取り上げてその変容を図る必要が生じる。その際，認知的技法や行動的技法を使っても信念やスキーマの変容に抵抗が強い場合，不安などの感情が生じる状況をイメージしながら，リアルな感情，自動思考，信念，スキーマを取り出して介入したり，時には幼少時のイメージを追いながら作業を進めると効果的となる。以下に，幼少時のイメージを導き，信念を確定して変容を促すための手続きを述べる。

①イメージ対話技法を説明する

感情や思考は，ただその場面を思い出して言葉で表現するだけでなく，それらが生じた時のことをありありとイメージすることで表しやすいこと，信念やイメージは幼少期の体験から徐々に形成されたもので，その時の場面をイメージすることで，体験的に変容する作業をすることが有効であることを説明する。

②イメージを確認する

イメージすることが比較的容易なクライエントもいれば，苦手なクライエントもいる。時にはまったく浮かんでこないということさえある。まず，どの程度イメージできるかを確かめ，必要に応じてイメージができやすいようにリードする。また，イメージをしている途中でクライエントがネガティブな感情に翻弄されたり，不安反応をリラックス反応に置き換えたい時に対応できるよう，安全でリラックスできるイメージを教えておく（Kroger & Fezler, 2002; Lazarus, 1977; Young, 1990）。安全なイメージには次のようなものがある。

[安全イメージの例]
・草原イメージ（広い草原にゆったりと寝そべり，のんびり空を見上げているイメージ。このイメージは，最も一般的で，ほとんどのクライエントがリラックスできると述べる）

- 海のイメージ
- 木の下のイメージ
- 自分の部屋のイメージ
- ペットと遊んでいるイメージ
- 親しい人といるイメージ

③イメージを導入する

　幼少期のおよそどの時期か（5歳頃，幼稚園の年中組，小学校低学年など）を確定し，その時の具体的な内容（登場人物，場所，出来事など）を聞き出し，できるだけ鮮明にその時のイメージをもってもらうよう促す。その中で，特に感情と思考を中心に聴いていき，クライエントがリアルにその時の体験を再現できるようにすることを手伝う。一般的なイメージ療法では，イメージの展開はクライエントに任せ，イメージが自発的に出てくるのを待つことが多いが，認知療法ではセラピストが積極的に誘導したり指示したりして，イメージ内の感情，思考を確認させていくことになる。

④感情を体験する

　イメージが鮮明にできて問題場面の状況をありありと浮かべることができると，普段はぼんやりとしか思い浮かべられなかった感情が，強く感じられ表出されることになる。感情が強く表されるほど，それに伴う自動思考や信念，スキーマも鮮明に浮かびやすくなるが，感情が強すぎてクライエントが不安定になりそうな場合は，先述の安全なイメージを導入して鎮静化を図るか，場合によっては中止することも必要になるだろう。

⑤信念，スキーマを変容する

　このフェイズでは，イメージの中で出てきた感情と，それに伴う信念やスキーマに介入し，それを変化させていくことになる。ここでは表された信念やスキーマを，体験的にその場で変容できるような強い介入が行われること

になるので，セラピストの経験や直観，力量が必要となるところである。

　以下に示す例は，①の技法の説明と，②のイメージの確認を終えたクライエントに，イメージ対話技法を導入したものである。

　　セラピスト：今までのセッションで，あなたは職場や家庭の場面で，自分がすべきことがうまくできないで，上司や家族から非難されてる，そしてその結果ますます気分が滅入って絶望的になるということがわかりました。また，そう思ってしまう背後には，「自分は何をやってもうまくいかない」，「自分がしたことは皆，周りの人から批判される」という信念（ここでは媒介信念）があることがわかりました。そして，そう思ってしまうのは，幼少期のお父さんとのかかわりと関係があるらしいということでしたね。
　　クライエント：はい。そういうことだったと思います。
　　セラピスト：それでは，前回説明したイメージ対話技法をしてみたいと思います。子どもの頃の記憶で，お父さんと一緒にいる時につらい思いをしたシーンがあれば思い浮かべてほしいのですが，目を閉じてイメージしてもいいですよ。
　　クライエント：わかりました（目を閉じる）。（……しばらく沈黙……），小さい頃，そうですね，小学校に入って間もない頃でしょうか，6歳ぐらいかな？　私は学校の宿題をしています。初めての宿題かもしれません。父親が近寄ってきて，私のノートを覗き込んでいます（……沈黙……）。
　　セラピスト：ちょっとつらそうな顔をしてますね。（少し間を置く）今どんな気持ちがしていますか。
　　クライエント：（……）何か不安というか，怖いような。逃げ出したいような気持ちです。
　　セラピスト：不安，怖い。逃げ出したいような気持ち。
　　クライエント：ええ，もう怖くて，そこから早く逃れたいですね。

セラピスト：もうそこにいたくないほど，追い込まれてるんですね。今どんな考えが頭に浮かんでいますか。

クライエント：また，いつものように何か嫌なことを言われそうな感じがします。

セラピスト：何か言われそうな感じがする。今イメージの中で，お父さんはどんなことをしていますか。何て言っていますか。

クライエント：僕の宿題を覗き込んでいます。ばかにしたような表情をしています。何か言いたそうですが，……何も言っていません。ほんとに嫌な気分です（もぞもぞと体を動かす）。

セラピスト：ほんとに嫌で，逃げ出したいんですね。お父さんは，何て言いそうなんですか。

クライエント：（しばらく沈黙の後，溜息をついて）「おまえは何をやってもダメなやつだな」と言いそうです。今までも何度もそう言われたことを思い出しました。

セラピスト：「ダメなやつだ」と何度も言われてきたんですね。それは，あなたが現在でも，職場や家族に対してもっている考えと同じですね【信念の指摘】。

クライエント：そうですね。同じことを考えていますね。子どもの頃，父親に対して思ったことと同じ。

セラピスト：お父さんに言われたことが信念として残っていて，今も何かすると，他の人から「どうせ失敗するんだろう」とか「ダメなやつだ」と思われていると感じるのでしょう。

クライエント：そういうことになりますね。

セラピスト：その考えを変えることができそうですか。

クライエント：うーん，……頭ではわかるんですが，やっぱり「ダメなやつだ」と思われていると感じます。不安な気持ちは変わらないです。

セラピスト：頭ではわかっても，気持ちは変わらないわけですね。では，今イメージの中でその信念を変えることを試みてみませんか。

クライエント：イメージの中でですか。子どもの時の自分になって？

セラピスト：そうです。もう一度その時の6歳の自分を思い出してください。今のあなたなら，その子に何と言ってあげますか？

クライエント：自分に言うのですか。

セラピスト：イメージの中の，6歳の男の子にです。

クライエント：（しばらく沈黙の後）すごく怯えてるね。でも，お父さんはそう言うけど，君だってうまくできることもあるじゃないか。苦手なこともあるだろうけど，運動は得意だし，仲良しの友達もいる。家のお手伝いをして，お母さんによく誉められてるしね。

セラピスト：いいですね。彼にも，うまくいくことがあるということですね。もっとねぎらってあげてください。

クライエント：君はダメ人間とかじゃないよ。うまくやってることだってたくさんある。それに，他の子もそんなに何でもうまくこなしてるわけじゃないよ。君は他の子たちと変わらないし，優れていることだってあるよ。

セラピスト：うんうん。彼はダメ人間なんかじゃない。今度は，6歳の自分が，お父さんに向かってそのことを言ってみてください。

クライエント：え？　父に言うのですか。何て言えばいいのかわかりません。

セラピスト：今あなたがその子に言ったことを，そのとおりに言えばいいのです。イメージの中ですから大丈夫です。思い切って言ってみましょう。

クライエント：（躊躇しながら）僕は……，僕にだってできることはあるよ。運動は得意だし，友達もたくさんいる。家の手伝いだってできるし，お母さんも誉めてくれたよ。

セラピスト：そうそう，その調子です。うまく言えてますよ。他にまだ言うことはありますか。

クライエント：運動だって勉強だって，僕よりできない子もいるよ。僕はダメ人間なんかじゃない！

この例では，それまでのセッションで得た情報を元に，幼少時の場面をイメージさせ，その際の感情をリアルに表現させている。そして，その感情に付随する自動思考および信念を，父親とのやりとりをイメージしながら取り上げた。信念の変容に抵抗を示すクライエントに対して，今の自分から幼少期の自分へと語りかける技法を使って，感情に翻弄される幼い自分と，セッションの中で理性を働かせている大人の自分との交流を試みている。ヤングはこのような，理性的で適応的な判断ができる大人のスキーマの状態をヘルシーアダルトモード[注3]と呼び，この例のような脆弱なスキーマを示す子どもに働きかけることによって，スキーマや信念を揺さぶり，変容する機会を提供する。

　ワークの最後には，イメージの中の幼い自分が，信念やスキーマの生成の元になった父親に対して，古い信念を反証するような言葉を発し，新しい健全な信念に変容していく足掛かりを作っている。これはゲシュタルト療法のエンプティーチェアーのワーク（Pearls, 1973）に類似しており，体験的で劇的な変化をクライエントにもたらす技法として知られている。

注3）ヤングはスキーマ療法を構成する際に，スキーマに加えて，スキーマモードを概念化している。スキーマモードとは，スキーマが活性化している時の作用を指す。チャイルドモード，非機能的コーピングモード，非機能的ペアレントモード，ヘルシーアダルトモードの4つに大別され，ヘルシーアダルトモードは，他の非機能的なモードを緩和し，修復する機能をもち，その強化が治療の目標とされる（Young et al., 2003）。

第 5 章

認知療法における治療関係

　心理療法はそれぞれの学派の理論と技法を元に面接を進めるが，クライエントとセラピストの間の良好な関係を構築することが，順調に治療を進める上で必要となる。認知療法は指示的な心理療法に分類されるので，治療関係についてはあまり重視されない印象をもたれがちであるし，テキストや論文で治療関係について論じられることも多くない。あるいは，良好な治療関係をもつことは当然の前提で，ことさらに論じるまでもなく当たり前のこととして議論に上らないともいえる。しかし，指示的，教育的要素の強い認知療法においても治療関係は非常に重要であり，治療の成否を左右する要因になると著者は考えている。

　この章では，まず一般的な心理療法における治療関係について述べ，認知療法に特異的な技法による治療的介入の前に必要となるセラピストの態度や，関係性を促進する技法について考える。次いで，認知療法による介入に関連する治療関係について述べ，受容や共感的態度を中心とした関係性の構築が，認知療法の成功に必要不可欠であることを提言したい。

1. 一般的な心理療法における治療関係

　心理療法は主に，クライエントとセラピストの対話によって問題を整理したり，より深い感情に気づいたりすること，またはその問題に対して何らかの対処をしてその変容を促すことが目標になる。そのような探索的，問題解決的な作業を行うためには，クライエントとセラピストの良好な関係性を保

ち，互いに信頼した上で面接作業を行う必要性は避けられないだろう。ここでは，"聴く"ことの意味について述べた上で，態度としての傾聴，そして技法としての傾聴について述べていく。その際重要となるキーワードは，クライエントをありのままに受け止めること，共感的態度を保つこと，そしてセラピストの防衛しない開放的な態度である。この観点を理論化し方法論を打ち立てたロジャーズ（Rogers, C. R.）の考えを中心に治療関係について解説したい。

1. 心理療法において"聴く"ということ

前述したように，心理療法とは対話的方法である。心理療法は，洞察的方法，指示的方法，体験的方法の3つに大きく分類されるが（Frances et al., 1984;**表1**），介入法が大きく異なるそれぞれの方法のどれにおいても，聴く態度が非常に重要となる。それは，理論，技法というより態度というべきであるが，聴くことを促す方法はあって，それは技法と呼んでよいだろう。そこでは単に聴くという意味からさらに積極的，能動的に聴くという意味を強めるために"傾聴"という言葉が使われる。まさに"聞く"ではなく"聴く"，すなわち前者のように門（家）の中に耳を閉じ込めて聞くのではなく，後者のように耳を外に出し，心を込めて聴くということであり，傾聴となるとそ

表1　心理療法の分類

洞察的方法	精神分析療法
	交流分析療法
指示的方法	行動療法
	認知療法
	ストラテジック・アプローチ
体験的方法	クライエント中心療法
	ゲシュタルト療法
	フォーカシング指向心理療法

こにさらに「耳と体を傾ける」、「心を傾ける」というニュアンスが入り，さらに積極的に聴きにいくという極めて能動的な働きであることが強調される。

2. 聴くことの意味

セラピストはクライエントに対して，一人の人間として敬意を表し，尊重する態度をもつ。クライエントは自らの力で成長し，悩みを解決する能力をもっており，人としての可能性を自律的に実現していこうとする傾向をもっているという人間観の元で，セラピストはクライエントのものの見方，感じ方，考え方を理解し，心の中の体験を聞き取ろうとする。このような態度で傾聴することによって，クライエントはセラピストに対して信頼感をもち，受け入れてもらえることで自らの気持ちを表現でき，信頼関係が作られていく。

3. 何を聴くのか

クライエントは様々な問題について話す。経験したことや考えたこと，感じたことや，その時にとった行動などであるが，そのうちセラピストはどのようなことを聴き取ればいいのだろうか。

まず，話す言葉の内容を聴くことが最初の作業になる。クライエントは自分が直面しているいろいろな情報を話題にするが，その時に対面している人物や場所，状況の時間的経過などを次々と話し，そのつど感じたことや行ったことなどを（特に面接の初期段階では）まとまりなく話すことが多い。クライエントは何かを言おうとしているのであるが，その意味するところがわかりづらく，セラピストは適宜質問や明確化の作業を挟みながら注意深く聞き続ける必要がある。そして，クライエントが言おうとしていること，それぞれの情報の羅列ではなく本当に言おうとしていることをつかまなければならない。言葉の内容の本質がつかめてくると，クライエントはさらに重要な内容やより深い内容の話をしやすくなり，面接はさらに展開することとなる。

言葉の内容を的確に聴き，まとめる作業が進むと，次に感情や気持ちを聴

くことになる。クライエントは不安や悲しみ，怒りなど感情の面で問題を感じて来談してくることがほとんどだが，感情よりも内容について話すことが多い。語っていることの元にある感情を聴き出し，セラピストが理解したクライエントの感情を的確に返していく作業を続けていくことが重要である。

このようにして面接が進んでいくと，クライエントの話は次第に問題の焦点に向かっていき，より豊かで深い感情を表出するようになっていく。自ら語る「つらい」，「悔しい」，「腹が立つ」といった具体的な感情だけでなく，その背後にある深い思いを聴くことができるようになる。言語化された感情の背後にある深い思いとはたとえば次のようなものである。

［例1］別離した人（たとえば恋人など）への憎しみや怒り→自分を置いていった人物への悲しみや寂しさ
［例2］生前憎んでいた父親への心残り→父親に否定的な気持ちを向けていたことへの罪意識
［例3］憎まれ口をたたいて困らせる思春期の子ども→自立するために親に反抗するが一方で甘えたい気持ちがある
［例4］浮気した夫への恨み，つらみ→夫に深く愛されたい，愛したい

このような，一見言語化されている感情とは違う（時に逆の）思いに触れ，時にそれを明確化というかたちで指摘したり，場合によっては指摘はせずにセラピストがそれを理解した上でそのことには触れずに面接を続けることで，より共感的な雰囲気の中で語りが展開していくことになる。

4. 傾聴に必要な3つの条件

クライエント中心療法を創始したロジャーズは，心理療法によってクライエントの人格の変化を促す条件として次の6条件をあげた（Rogers, 1951）。

1. クライエントとセラピストの間に，何らかの心理的接触があること

2. そのカウンセリングの関係の中では，クライエントは自己一致の状態にはないこと
 3. セラピストはクライエントに対して，無条件の肯定的関心を向けていること
 4. セラピストはクライエントに対して，感情移入的理解（共感的理解）を向けていること
 5. セラピストは，この関係の中で自己一致の状態にあること
 6. 3, 4, 5 の内容を，最低限クライエントに伝えていること

これらの6条件を使用して心理療法を継続することで，自己不一致状態にあって不適応的な感情や行動に陥っていたクライエントが，セラピストとの関係性の中で自己一致状態が形成され，不適応状態から抜け出すことができるとされる。6条件の中で，三大条件と呼ばれる 3, 4, 5 について説明する。

①受容すること

セラピストはクライエントのとる行動や感情に対して，いかなる価値づけもしない，つまり条件を付けることなしに認め，受け入れる。そこにはクライエントの人間性に対する深い尊敬の気持ちがあり，常に非審判的である。セラピストは，クライエントが一個の人間として可能性を有しており自ら成長していく存在であることに深い信頼を抱いている。心理療法にやってくるクライエントは，面接が始まった時点では自分に違和感を抱いたり自己信頼感をもっていない，すなわち自己を受容していないことがほとんどである。受容的な雰囲気の中で，クライエントはセラピストに無条件の肯定的関心を向けられ，継続して受容されるにつれ自らの感覚や感情を意識し，それらを認めるようになっていく。このようなセラピストの他者受容が，クライエントの自己受容につながっていくのである。この時，クライエントを受容するセラピストの側が自分自身の感覚や感情に対して肯定的な関心をもっている必要があるのは言うまでもないことである。セラピストの自己受容の程度に

応じて，クライエントの自己受容も実現できるといってもいいだろう。

②共感すること

　セラピストはクライエントの立場に立って，クライエントが世界を見たり，聞いたり，感じたりしているように，セラピストもその世界を見たり，聞いたり，感じたりする。もちろんセラピストはクライエントとは別の人格をもち，ものごとを違った目で見て，違う感覚でとらえるし，価値観も違う。そのようなセラピスト側の感覚，あるいは先入観，ものの見方をいったん脇に置いて，クライエントが体験したとおりに体験することが必要となる。このような作業は（真剣に心理療法を行っているセラピストには自明であるが）非常に難しいことである。クライエントの体験どおりに世界を体験することは事実上不可能であり，セラピストができるのは共感という一つの反応ではなく共感しようとする努力であり，クライエントとともにいようとするプロセスである（Mearns & Thorne, 1988）。また，人の気持ちをわかる能力はセラピストによって大きく違っており，生来的のものもあるだろうし，訓練によって増強できる部分もあるだろう。セッション中のセラピストの体調や集中の程度にもよるかもしれない。身体的，精神的に疲れている時に，目の前にいるクライエントやその話の内容に集中できないという体験は多くのセラピストがもっているだろう。どの専門的職業もそうであるが，セラピストは常に心身の健康を保つよう注意せねばならないし，心理療法のセラピストは自らの心の動きに気づいている必要があることは言うまでもないだろう。セラピストの共感的態度とその努力のプロセスに触れることによって，クライエントはセラピストを信頼し，安心感をもって話ができ，自分の感情への気づきを深めていき，自己探索を進めていくことができる。

③**自己一致**

　心理療法の中でのクライエントとセラピストの関係において，セラピストの中で起こっている感覚や感情が，クライエントに対する反応と矛盾なく一

貫していることを自己一致と呼ぶ。共感の項で述べたように，セラピストも一個の価値をもつ人間であり，クライエントとの関係性の中で様々な感情や感覚をもつ。共感的に応じながらも，クライエントから様々な刺激を受け，内面には温かい感情だけでなく葛藤や矛盾，戸惑いや怒りなどのネガティブな感情が沸き起こってくる。それらの感情を否定せず，心の中で咀嚼しながら自らの思いを受け止めていく。そして，クライエントとの関係の中でそれを矛盾なく表出していくことになる。

クライエントは心理療法にやってきた時点では自分の感情に深くは気づかず，自己否定的で自分を受容していない，つまり自己不一致の状態にある。心理療法のプロセスの中でクライエントは条件付きでない肯定的な関心を向けられ，共感的に理解されて自己探索を深めていく。そこでは常にセラピストの自己一致的態度という基本的支えがあり，その関係の中でクライエントは徐々に自分の感情に気づき，自分を受け入れ始め，認知や感情，感覚といった要素の統合を図り，次第に自己一致した態度を形成していく。このようにして自己の可能性を実現していく過程が心理療法の過程であるとロジャーズは考えたのである。

5. 傾聴の対象――3つの要素

ここまでは主に，治療関係に必要な態度について述べてきた。次に傾聴に際して何を対象にすればよいのかを説明する。セラピストが聴くのはもちろんクライエントの言動のすべてであるが，それらを経験，行動，感情の3つの要素に分けて聴くことによって傾聴の作業がしやすくなる（Egan, 1986）。

①経　　験

クライエントは，自分の身に起こっていること，生じていることを多く話す。「今日は学校がある」，「彼女は私に話をした」，「近所で火事があった」などは経験の例である。経験はクライエントの話すことの中で最も多い。次にあげる行動，感情と比べ，経験はクライエント自身が関与していないこと

であり，自己の責任を伴わないため言葉に出しやすいからである。以下は経験の例である。

セラピスト：この1週間はいかがでしたか。
クライエント：平日の仕事が終わって，土曜日にはやっと休みがとれました。本当に大変な1週間でした。
セラピスト：本当に仕事が大変なんですね。
クライエント：そうなんです。次々と期限の迫った案件がやってくるのでね。休まる暇もないんです。
セラピスト：ゆっくり休みたいところですね。
クライエント：ええ，そういえば昨日妻が「そんなに仕事ばかりして大丈夫なの。体を壊さないかしら。それと，下の子が受験が近いのだけれど，どうしたものかしらね。ちょっとは相談にのってやってほしいわ」って言ってましたね。そんなこと言われてもね。
セラピスト：つらいところですね。
クライエント：そうそう。週明けには，後輩が相談に乗ってほしいって言ってたしね。

このクライエントは，仕事の大変さを訴えているが，すべて経験について述べている。セラピストが感情について返そうとしても，クライエントは自身に起こった事実（経験）について述べるだけで，自らの行動や感情について述べようとはしない。この種の発言は非常に多いので，セラピストは経験について丹念に聴き，その内容を返しながら面接を進めていくことが重要である。どのような経験をしたのかを聞かなければ，クライエントのことはわからないのである。

②行　　動

行動とは，クライエントがしたこと（すること），あるいはしなかったこ

と(しないこと)である。クライエントは経験については多く語るが，行動は経験ほどには語らない。行動することは，経験することよりも多少とも責任を伴うからである。行動には，目に見える外見的なものと目に見えない内面的なものとがある。後者の内面的なものとは，思考や記憶，空想といったものである。「僕は，それはうまくいかないと思った」，「私は，彼とデートしたらどうなるかと想像しました」といった反応がそれである。次に示すのは行動の例である。

セラピスト：この1週間はいかがでしたか。
クライエント：いやあ，よく働きました。次々とやることがあって，毎日必死で片づけてましたよ【①】。
セラピスト：本当によく頑張られたのですね。
クライエント：そうですね。妻が「そんなに仕事ばかりして大丈夫なの。下の子が受験が近いのだけれど，ちょっとは相談にのってやってほしいわ」と言うので，「そうしてやりたいんだけど，疲れがひどくてちょっとそこまで手が回らないよ」と答えました【②】。
セラピスト：つらいところですね。
クライエント：まあね。週明けには後輩の相談に乗るんですが，どんなアドバイスをしてあげようかといろいろ考えてるんですよ【③】。

このクライエントは，行動を中心に話を続けている。①，②が外見的行動，③が内面的行動である。このように行動の言葉が多用されると，言動が生き生きとしてきて躍動感が出てくる。それだけ自分の体験にかかわっているということである。

③感　情
感情は経験や行動から生じたり，それらの元にあるものである。感情は優れて個人的なもので，その人の内面から生じ，主観的で独自のものである。

人はものごとに感情をもって反応することで体験に深く触れることができる。セラピストは，このようなクライエントの感情を聴き，共感的に理解することでクライエント自身の体験を共有し，ともにある状態を作り出すことができる。

感情は，言葉として表されるものの他に，「うーん」や「ああっ」といったような意味をなさない発言，あるいは表情や姿勢，体の動きのような非言語でも表されることがある。

セラピスト：この1週間はいかがでしたか。
クライエント：大変な1週間でした。追い込まれてくたくたで，やっと週末に休めた感じでほっとしました【①】。
セラピスト：本当に大変な感じですね。
クライエント：そうなんですよ。それでね，妻が「大丈夫なの。下の子が受験が近いので，できたら相談に乗ってほしいんだけど」って言うんですよ（顔をしかめる）【②】。
セラピスト：疲れてるところにそう言われたら，ちょっときついですね。
クライエント：そうなんです！　家のことも大事なのはわかってるんですが，自分のことで精一杯で……。仕事と家庭の板挟みのようで，胸の奥が痛む感じです。追い込まれた感じですね【③】。

このクライエントは，感情を中心にして話を進めている。①では「ほっとした」という安堵の感情を表現しているが，②は顔をしかめるという非言語的な反応である。③では胸の奥が痛むという身体感覚を示し，その後に「追い込まれた感じ」と言っている。このような身体感覚はここでは感情の一部と考えるが，感情よりももう一つ深い内的体験であるといえる。セラピストは，このような感情や身体感覚が表出された時に反射や明確化の技法を用いて共感的に応答していくことで，クライエントがより深く感情を表出することを促し，体験過程[注1]に触れながら探索的に振り返っていくことを助ける

作業を続ける。

6. 心理療法における治療関係のあり方

以上のイーガン（Egan, G.）(1986) が述べた傾聴の方法は，問題解決療法の前提となるかかわり技法として提示されている。問題解決療法とは，クライエントの訴える現在の問題（イーガンは現在のシナリオと表現）について要点を探索しながら焦点づけ，好ましいシナリオを開発しながら目標を設定し，作成された新しいシナリオを成し遂げるストラテジーを計画し実行するという3段階からなる系統的な治療法である。イーガンはこのような問題解決療法を広義の認知行動療法であると言っている。かかわり技法は，治療関係を確立しながら問題を探索し明確にするための技法であり，セラピストの態度であるといえるだろう。

他の治療関係やかかわりについての体系的な方法を確立したものとしてマイクロカウンセリングがあげられる（Ivey, 1985）。面接時のコミュニケーションの単位をマイクロ技法と呼び，視線や身体言語などの「かかわり技法」から始まり，質問法，言い換え，感情の反射などの「基本的傾聴法」，指示や解釈，自己開示，助言などの「積極技法」などの順に階層化し，最終の層ではそれらのマイクロ技法を統合することで完成する。ここでは「かかわり技法」が治療関係にあたり，非指示的技法（クライエント中心療法），行動療法，精神分析，ゲシュタルト派などの各治療学派が共通して使用するものであるとしている。ただし，各派によってかかわり技法を使用する頻度は当然異なり，非指示的技法が最も多くかかわり技法を使うとしている。

注1）感じられた意味が，言葉や象徴によって概念化されることにより，感じられた意味が変わる。それがまた概念化されるという連続したプロセスを体験過程という（池見，1984）。

2. 認知療法における治療関係

　ここまで一般的な心理療法における治療関係について述べてきた。どのような学派の心理療法においても治療関係は重要であり，各派の理論，技法とは別にセラピーの根底にあり，面接が進展するのを促進する作用があることを示した。

　さてそれでは，認知療法では治療関係はどのように扱われるのだろうか。認知療法は理論や技法が確立されて明確であるし，指示的，教育的な方法であることから，治療関係は重視されないと見なされる傾向がある。認知療法の治療関係について解説した文献や研究も多くはないようである。本節では，認知療法において治療関係がどのように取り上げられ，どのようなことがわかっているかについて紹介し，その重要性を提示したい。

1. 概　　観

　認知療法は，認知モデルを基礎にして，構造化された設定の元で心理教育，アセスメント，技法の介入を行う体系化された方法である。このような構造化された介入を支えるのは，クライエントとセラピストが治療チームを結成し，実証的見地から行う共同作業である。この考え方は共同的経験主義と呼ばれ，認知療法の基本的態度となっており，ここに治療関係の重要性が生じることになる。

　認知療法は，セラピストが認知の偏りを指摘して変容法を教示して治療していくような，治療者主導型の方法であると思われがちであるが，そうではなくてクライエントとセラピストが対等に意見を出し合い，ともにディスカッションし，科学者の研究チームのように事実を見極め，検討していく過程をともにする。当然セラピストは認知療法のメカニズムを知っており，クライエントの問題を認知モデルにより把握しており，アセスメントに基づいて技法介入をする用意がある。それでもセラピストは，感情や行動に影響する認知の役割をクライエントが理解できるように助けながら，決して教える姿

勢ではなく互いに情報と意見を出し合い，対等に議論していく。認知療法をよく理解しているのはセラピストであるが，クライエントを最も知っているのはクライエント自身なのである。セラピストは教える立場というよりも，むしろクライエントに教えてもらう姿勢をもつことが肝要である。

　さてそれでは，認知療法を提唱し実践してきた著名な認知療法家たちは治療関係をどのように考えているのだろうか。いくつかの例を概観してみよう。

　認知療法を創始したベック（Beck, A. T.）は，最初うつ病の治療に認知療法を適応したところから始めている（Beck, 1964）。うつ病のクライエントは，他の疾患のクライエントに比べてエネルギー水準が低くて発話が少なく，ネガティブな思考をもつために語る言葉も自責的で，セラピストのコメントに対しても否定的に反応する傾向が強い。それゆえ，順調なやりとりをすることが難しく治療が膠着しがちである。そのような面接を行う中で認知療法を開発したベックが，治療関係の構築にも苦労しながら面接を続けたであろうことは想像に難くない。今や認知療法の古典的テキストと言ってもよい『うつ病の認知療法』（Beck et al., 1979）の中では，治療者の望ましい特性（温かさ，正確な共感，誠実性），治療的相互作用（基本的信頼感，ラポール），治療的協力関係が治療関係を促進する，と述べている。ここではセラピスト側の要因とクライエント-セラピストの関係性の要因に分けて考えている。特に両者の協力関係の重要性を述べていることが，共同的経験主義を唱える認知療法に特異的な立場であることがわかる（Beck & Weishaar, 1989）。ベックの娘であり，現在の世界の認知療法界を牽引しているジュディス・ベック（Beck, J. S.）は，その標準的テキストの中で「治療者は次のメッセージを伝える……（中略）……：私はあなたを気遣い，尊重する。私はあなたと共同作業できることを信じている」と述べ，父親のアーロン・ベックと同じく，共同することの重要さを指摘している。

　また，ベックらとともに認知療法を開発し，世界各国に招かれて多くのワークショップを行い「認知療法の伝道師」と言われたアーサー・フリーマン（Freeman, A.）は「患者の言葉での表現や声の調子，非言語的反応に敏感

で……（中略）……どのように患者を理解しているかを患者に伝えるべきである」（Freeman et al., 1990）と述べ，クライエントの認知をいかに理解するかを重視している。この場合の理解というのはクライエントの認知への知的な理解とともに，感情への共感的理解をも含んでいることは明らかであり，先述のロジャーズの6条件の第6条件にあるように，それをクライエントに伝えることの重要性を示していることは興味深い。

　認知療法の初級者のテキストを著したレドリー（Ledley, D.）らは近年の著書の冒頭で治療同盟について言及し，ロジャーズの業績を参考にするよう勧め，共感，純粋性，温かさをあげている（Ledley et al., 2005）。そして「無条件の肯定的関心という考え方は，一般的には症状に関してクライエントを責めないという認知行動療法家の態度によく合致する」として，共同的経験主義との類似性を指摘している。

　以上のようにテキストの中で，認知モデルとは別の非特異的要因として治療関係が取り上げられてはいるが，治療関係そのものを取り上げた研究は極めて少ない。その中でスウェイツ（Thwaites, R.）とベネット－レビィ（Benett-Levy, J.）の研究は，正面から認知療法における共感の意義について言及しているものである（Thwaites & Benett-Levy, 2007）。彼らの考察について少し詳しく紹介したい。まず彼らは，共感は感情と認知の両方の機能をもっており，体験された感情とつながった意味を引き出す能力であると考えた。そして，共感には次の4つの要素があるとしている。

　①共感的態度／スタンス
　セラピストが元来もっている共感的な姿勢のことである。これはトレーニングによっても学習されるとする。ただし，セラピストの性格やクライエントとの相性，その時のセラピストの調子に影響されるという問題点をもつ。

　②共感的調律
　クライエントの瞬間瞬間のコミュニケーションに調律（tune）を合わせ

るセラピストの知覚的能力のこと。クライエントの内的な照合枠（internal frame of reference）の中で動くということから，マインドフルネス（126頁を参照）の概念と重なるとされる。

③共感的コミュニケーションスキル

共感したことをクライエントに伝えるスキルのこと。認知行動療法家は，共感のこの要素に最も重点を置いてきた。ここでも，先述したような感情的側面と認知的側面の両方が伝達されることになる。

④共感的知識

セラピストがトレーニングを受ける過程で，指導者や本から学ぶ共感についての知識のこと。初めは外在的／宣言的[注2]であるが，後に内在的／手続き的知識[注3]になるとされる。

これらの4つの共感の機能は，①で述べたようにセラピストが元来もっている共感できる素質を基礎として，クライエントの発話を理解しそれに合わせることのできる知覚的能力，それを使うスキル，そしてそれらを支える知識に分類し，共感を総合的にとらえているものである。そしてそれらの要素がダイナミックに相互作用し影響を及ぼし合うということになる。

スウェイツらは以上の機能を，治療的共感システムとしてまとめている（図1）。まず，入力されたクライエントのコミュニケーションを共感的調律を用いてキャッチし，それが共感的態度／スタンスと共感的知識によって支えられ，共感的コミュニケーションとスキルを使ってセラピストのコミュニケーションとして出力される。出力の際に，概念的知識とスキル（たとえば認知的フォーミュレーション），技能的知識とスキル（たとえばソクラテス式

注2）3）知識や概念に関する知識（「日本の首都は東京である」，「リンゴは赤いものが多い」など）を宣言的知識といい，やり方に関する知識（「自転車の乗り方」，「コンピュータの起動の仕方」など）を手続き的知識という。認知心理学の用語。

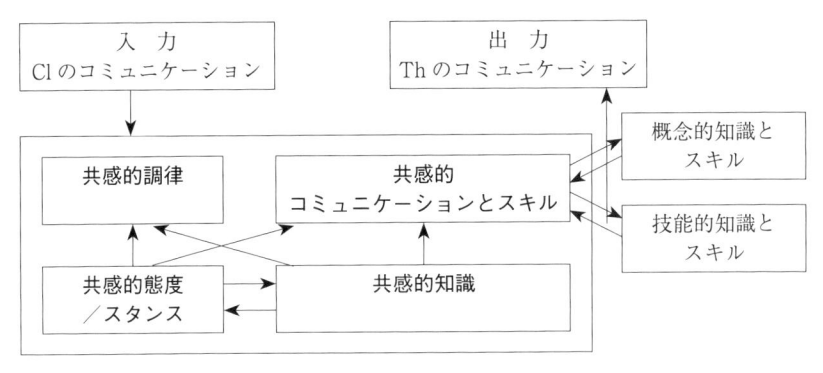

図1 治療的共感システム

質問法）を援用する。そして，このような考察を元に，認知療法における共感的機能として以下の6点をあげている。

(ⅰ) 治療関係を確立するものとしての共感
クライエントはセラピストに理解され，受容され，安全であると感じうることで，治療関係を発展させることができる。

(ⅱ) アセスメントとデータ収集としての共感
アセスメントを行う時の，クライエントが表出する怒りや恥の感情を，共感することによって理解し，フォーミュレーションやアセスメントの作業に役立てる。

(ⅲ) フォーミュレーションの促進要因としての共感
セッションが進んでいくと，クライエントの感情や基底的な信念システムの情報が集まってくる。セッションのプロセスへのクライエントの感じ方や，思考，感情，行動を変えることへの抵抗などを共感的にとらえることで，フォーミュレーションがしやすくなる。

(ⅳ) 伝統的な認知行動療法技法を使いやすくするものとしての共感

　思考記録表や行動実験などの技法を使う際に，クライエントの微妙な感情の変化に気づくことで，技法を使いやすくし，セッションを効果的に進めることができる。

(ⅴ) 治療関係の維持としての共感

　セッションの進展に不満をもつなどの，複雑な問題をもったクライエントの治療の停滞に対応する。たとえば，怒りや恥といった感情を共感的にとらえることが生育歴の問題を明確にし，セッションにつなげる際に有効となる。

(ⅵ) 治療的作用としての共感
　共感自体が，変化の作用の機能をもつ。

　以上のように，スウェイツらは共感の機能を，治療関係の確立や維持を促したり，アセスメントやケースフォーミュレーション，技法介入に役立てたりする重要なものと考え，さらに共感そのものが変化や治癒をもたらす作用をもつことまでも言及している。共感は主として感情に作用するものなので，認知の機能を主要因とする認知モデルには合致しないが，認知療法の治療機序を促進するものとしての役割を積極的に論じ，さらに認知療法の病理理論や治癒理論を超えて，心理療法一般に通底する治癒メカニズムをもつことを明瞭に示していると言えるだろう。

　ここで，他学派の共感への見解について若干紹介したい。本章1節でも述べたように共感について最も概念化と体系化をしているのはクライエント中心療法であるが，ロジャーズは共感を"クライエントの私的な世界を，あたかも自分自身のものであるかのように感じ取り，しかもこの'あたかも……のように'という性格を失わない"（Rogers, 1957）と説明し，セラピストがクライエントに完全に同一化するのではなく，あくまでクライエントとセラピストは別の人格と心理状態をもつことを暗に示している。精神分析療法

の中で共感についての精神病理学や治療論を展開しているコフート（Kohut, H.）は, 共感を「他者の中に自己を認識する, 必要欠くべからざる観察の道具」であり,「他者を包含しようとする自己の拡大であり, 個々の人々の間の心理的結合」となり,「心理的な栄養分」(Kohut, 1977) であるとして, クライエントを観察しつつもクライエントとセラピストをつなぐ機能をもつこと, 共感が栄養分としてクライエントの自己を満たす機能をもつことを指摘している。また, 精神分析療法を人間学的方法と結びつけようとする成田は,「共感が成立する時には, 自と他が心の深いところで通底する」とし, また「患者に内在しようと努めること。それは努力目標であり, 祈りのようなものである」と述べている（成田・氏原, 1999）。認知療法や行動療法とは対極にあると思われる, 人間学派や精神分析療法のこれらの見解は, 人の心の奥深くまで分け入って分析し, その意味を調べたり, 無意識や自己を統合するという深層的, 全体的な概念化や方法をとりながらも, それでもクライエントとセラピストは別の人格をもった個人であり, 完全に相手の心を理解することはありえず, 理解しようとする試みと努力, それは達成不可能なものであることを自覚することも必要であることを示している。またそれは感情的なものだけではなく知的な行いでもあるということである。

2. 認知療法の各局面における共感の役割

以上の説明の中で, 一般的な心理療法における治療関係, 認知療法における治療関係を述べ, また人間学派や精神分析療法を含んだ共感についての見解を紹介した。ここで認知療法の各フェイズにおける共感の機能について整理しておきたい。

①心理教育

認知療法では, 治療の初期に認知モデルを説明し, 認知療法の理論的根拠と治癒メカニズムをクライエントに理解させる心理教育が非常に重要となる。このフェイズでは必然的にセラピストからの積極的なかかわりが多くなり,

クライエントの側がセラピストの話を聞くことになる。

　ここでは治療（認知モデル）への理解を促し，治療へのクライエントの動機づけを高めることが非常に重要になる。セラピストからのかかわりが押し付けにならないよう，またクライエントの治療への期待に沿うよう注意しなければならない。クライエントは自分の問題について話し，気持ちを表現しそれを理解してほしい（つまり共感してほしい）と望んでいるが，セラピストの説明はクライエントの考えるものとは違う枠組みを提供することになり，セラピストの考えやペースで進められていると感じるだろう。わかってもらえない不満や幻滅の感情が生じるかもしれない。このような気持ちに対してセラピストが敏感に気づき，配慮する必要が生じる。ここで，セラピストの共感性と受容性が重要な機能を担うことになるだろう。

②アセスメント

　このフェイズでは，問題を同定し，感情や自動思考を引き出して，思考，感情，行動の関係をアセスメントし，認知モデルによる概念化の作業を行う。クライエントは，普段あまり意識しない感情や思考，つまり自我違和的な心理的内容を問われることになるので，それらをなかなか表現できないであろうし，時にそれらを表すことに抵抗するかもしれない。そのような抵抗感情をセラピストが察知し，抵抗を和らげるような介入が必要となり，その際に共感的態度が非常に重要な役割を担うことになる。

③技法介入

　十分な心理教育とアセスメントを行った後に技法介入のフェイズに入る。様々な技法があるが，認知療法において主要な技法は，自動思考の妥当性や有用性を確かめ，合理的思考を促すことにある。心理教育やアセスメントの時と同様に抵抗が生じる可能性が高いが，ここではやはり変化への抵抗が中心になるだろう。クライエントは幼少時から身につけてきた信念，思考，感情のパタンをもっており，その枠組みの元にそれまで生きてきたのであり，

それを変えるということは，自らの生存にかかわることであるので，強い抵抗を示すのは当然である。特にパーソナリティー障害など重篤な病態水準にあるクライエントほどその傾向が強い。これはどの心理療法にも共通して見られる現象であり，精神分析療法では抵抗の概念そのものが，精神病理や治癒のメカニズム（抵抗分析など）として重視されている。常識的方法と言われる認知療法では，クライエントの心理的体験に真正面から触れることが多くなるので，特に抵抗を誘いやすい方法であるとも言える。こういった変化への抵抗，たとえばとまどいや拒否，怒りといった感情に対処する際に，共感的態度が重要な役割をもつことになる。

3. 認知療法における共感の機能

ここまでの節で，様々な心理療法一般に共通する治療関係や，各治療学派における共感を中心とした治療関係のとらえ方，そして認知療法に特有の治療関係について，治療フェイズごとの機能を述べてきた。それを踏まえて，他の治療学派における治療関係の機能も視野に入れながら，認知療法における治療関係の機能的役割についてまとめてみたい。

①治療関係の形成

クライエントは心理的不適応感をもって面接に現れる。通常うつ感情や不安感情を伴っており，初めて出会うセラピストにも不信感をもちやすく，自分の問題を述べることに抵抗を示すのが普通で，治療の進展の妨げとなる要因が多い。ここでクライエントは，セラピストに共感され，受け入れられ，認められることで，セラピストおよび認知療法面接への信頼を高めることができる。このことはどの心理療法学派にも共通する要因であろう。

②治療への動機づけの促進

多くのクライエントは心理的問題を解決するために治療を受けに来るが，自分では問題を抱えているという自覚がなかったり，周囲に促されてしぶし

ぶ来談するクライエントもいる。また，当初は治療への動機づけが高くても，セラピストの対応や面接の雰囲気が好ましくないものと映れば，次第に治療への意欲が薄れていく。認知療法面接を継続していくにあたって，クライエントが表す感情をセラピストが的確に理解することでクライエントはもっと話したくなり，ますます感情が表現されるようになる。感情が発現することによりクライエントの主体性が高まり（氏原，1995），治療への動機づけが強くなっていく。意欲が高まること自体が気分を上昇させ，希望や期待が高まり，治癒に貢献する（Lambert, 1992）という効用もあるが，認知療法はクライエントとセラピストが協力して治療を進展させていくという原理からも，治療への動機づけを促進することは欠かせない要因となる。

③安心感の形成（抱え環境の醸成）

よい治療関係の中で，共感され配慮されることで，安全で保護された環境を体験することができ（Kohut, 1977），その中で自己理解と変容が可能となる。ウィニコット（Winnicott, D. W.）は母子関係の中で起こる乳児の発達促進を観察し，母親が自己の一部を乳児に投影して，乳児の意味することを理解することを論じ（Winnicott, 1965），それが共感に近い概念であるとされ（衣笠，1992），そのような母親の養育機能は抱え環境と呼ばれる。そのような環境の中で，クライエントは安心して自己の認知を探索することができるのである。

④的確なアセスメントの確立

スウェイツらが述べたように怒りや恥の感情を受容し，共感することに加えて，クライエントが抵抗を減らして感情や認知を探索することができ，より深くて広い概念化ができることになる。

⑤治療抵抗への対応

ここまで何度も述べてきたように，クライエントが感情や認知を探索し直

表2 共感による認知の探索

クライエントの作業		セラピストの作業
周囲にわかってもらえないことへの腹立ち	←	共　　感
↓		
相手にわかってもらえないつらさ，悲しみ	←	共感と，過去の体験への質問
↓		
幼少期のエピソードの想起	←	共感と，親との関係の明確化
↓		
親にわかってもらえなかったつらさ，悲しみ	←	共感と，自動思考や信念・スキーマの再検討
↓		
周囲にわかってもらえない時の，現実的な思考の構築	←	確　　認

面する時の抵抗の感情や葛藤を理解することによって，抵抗を取り除き，よりスムーズに心理教育，アセスメント，技法介入などの作業を進めることができる。

⑥認知変容の材料の抽出

　クライエントはネガティブな感情に翻弄されていることが多く，感情によって自分の状態や周囲の状況を判断しがちである。それゆえ，感情の背後にある思考が見えづらくなる。的確な共感により，感情の背後にあった思考が見えてきて，何を考えていたかに気づき，認知を変容するための材料が提出されることになる。たとえば，自分の行動や気持ちを周囲の人にわかってもらえないことに腹を立てているクライエントがいるとする。このクライエントの気持ちに共感することで得られる情報をあげると**表2**のようになるだろう。

　この例では，初め周囲の人にわかってもらえず怒りの感情をもっていたクライエントが，セラピストに共感され，明確化されるにつれて，つらさや悲しみという別の感情に気づいたり，幼少期の体験の想起から親との関係でも

つに至った感情を現在の状況につなげ，そういった材料を元に認知変容へとつながっている。ここでの展開のように，クライエントが訴える感情に耳を傾け，受容し共感的にとらえることで，その背後にある感情に気づかせ，その元にあった認知を，自動思考，時に信念やスキーマレベルまで取り上げ，変容に向けることができる。

第 6 章

認知療法を実践的に使う

――症例を通して――

　認知療法は優れて実践的な治療法である。主訴や症状，問題そのものに焦点を当て，認知モデルという明確な理論的根拠と治癒メカニズムを基礎として，構造化された面接を設定し，整合的なアセスメントと技法介入を繰り返して治療を進めていく。そのやり方はクライエントにとってもわかりやすく，治療方針や治療過程，症状や問題が改善していく機序をセラピストと共有しながらともにセッションを進めることができる。

　第 1 章 2 節で述べたように，ベック（Beck, A. T.）が認知療法を開発した経緯はうつ病の治療を通してであった。そのため，認知療法は当初うつ病の治療として有名になり，臨床も研究もほとんどがうつ病を対象にしたものであった（Beck et al., 1979; Beck & Emery, 1985; Dobson, 1989; Perris, 1989）。その後不安障害（Beck & Emery, 1985; Freeman et al., 1989），摂食障害（Clark & Fairburn, 1997; Edgette & Prout, 1989），強迫性障害（Rackman & de Silva, 1978; Salkovskis, 1985），パーソナリティー障害（Beck et al., 1990; Freeman et al., 1990），統合失調症（Kingdon & Turkington, 1994）などの疾患別，アルコールや薬物などの依存症（Beck et al., 1997），カップルや夫婦療法（Freeman, 1983），子どもの問題行動（DiGiuseppe, 1989）や発達障害（Gaus, 2007）といったあらゆる心理学的，精神医学的問題に適用されてきた。我が国では，まだ導入されてから歴史が浅いこともあり，うつ病や不安障害，強迫性障害などへの適用が中心であるが，近年になって子どもの問題や統合失調症についての論文や学会発表も増えてきたようである。

今後は日本でも広範な疾患や心理的問題に認知療法が適用されていくようになるだろう。

本章では，現在我が国での臨床適用が見られる疾患，つまりうつ病，パニック障害，強迫性障害，パーソナリティー障害の症例を提示し，その他の疾患や心理的問題についても若干の紹介をしたい。

なお，匿名性を保つため，提示した各症例は公表の許可を得た一つの症例を元にしているが，他の症例の特徴も交えて，典型的な症例となるように整理してある。それぞれの症例を通して，各疾患の認知療法の適用の仕方，セッションの展開の様子，それぞれの疾患と認知療法との相互作用や相性などを感じ取っていただきたい。

1. う つ 病

うつ病は，憂鬱感や悲哀感，意欲の低下，焦燥感，希死念慮などの精神症状と，不眠，食欲不振，頭重，肩こり，全身の倦怠感などの身体症状を呈する疾患である。認知療法ではうつ病のクライエントに特徴的な認知として，自己，世界，将来への否定的認知があると考える（Beck, 1976; Beck et al., 1979）。また，全か無か的思考，自責思考，情動的推論，べき思考，過度の一般化，飛躍的推論（Emery, 1999）等の考え方のクセが頻繁に見られる。そのような非合理的認知に介入して変更を促したり，行動レベルが低下している際に行動スケジュール法などで行動を促すなどの技法を適用して効果をあげていく。

次に，認知変容への抵抗が強かった症例をあげ，介入上の工夫について解説する。

[うつ病の症例]

クライエント：50代，男性，無職（のち建設作業員）。
主　　訴：気分が優れない，不眠。

問題歴：6年前内臓疾患にて手術，3年前にも類似の内臓疾患にて手術し，以後腹部にガスがたまるようになり，同時に抑うつ感が出現した。昨年総合病院の心療内科を受診し，4カ月前まで入院していた。医師が抗うつ薬を少量投与したが，便秘，食欲不振を強く訴えるため薬物療法が難渋し，心理療法が依頼された。

面接経過：クライエントは無表情で感情の表出も少なく，言葉も自分から発することはほとんどなく，セラピストからの質問に対してやっと答える感じであった。第1回では症歴を聴取し，第2回に全身の緊張感の高さが感じられたため自律訓練法を適用した。クライエントによるとリラックス感は得られないということだったが，不眠は軽快してきた。また，活動レベルが低下していたことから，動く意志があることを確認した後，行動スケジュール法を導入し，その結果散歩や自転車，軽い山登りなど行動レベルも増加した。

　第6回で認知療法を説明（心理教育）した後，第7回から思考記録表を始め，自動思考の査定，考え方のクセ（過度の一般化，否定的予測，肯定的な側面の否認，絶望感，自責）の指摘，合理的思考の確立の順に面接を進めたが，思考記録表の理解，作成が困難で，セラピストの介入を受け入れないことが多く，予約を医師とセラピストの都合に合わせなければならないことに「怒りを感じる」と述べるなど，反発したり気分を害することもあった。クライエントの感情の動きに注意しながら粘り強く思考記録表の作成を続け，初めセラピストが記入し徐々にクライエントが考えて記入していけるようにすると（モデリング，シェイピングの原理），少しずつ考え方，書き方を習得できるようになった。

　就職の希望の強まりに応じて不安も強くなったので，練習として図書館に通うことにし，5分，10分，15分と順次伸ばしていく計画を立てた（段階的課題設定法）。最終的に図書館に50分行けるようになったが，クライエント自身はそのことを評価していなかった。

　第30回で仕事を始め，BDI（第2章の注1を参照）も13と減少した。この頃も一貫して思考記録表による認知変容を続け，否定的予測，自己関係づ

けなどの指摘,「長い目で見ればよい」,「うまくできなくても普通にできればよい」等の合理的思考を促した。その後長距離を運転できたり,葬式や結婚式でうまく立ち回れて自信ができ,元の会社に再就職してから(第48回目)さらに気分,体調もよくなり,BDIも10になった時点で面接は終了,医師による投薬のみとなった。

　このクライエントは,うつ症状のうち身体的症状を強く訴え,パーソナリティーも固く,思考パタンは硬直しており,セラピストや医師の介入への抵抗も強かった。認知そのものに介入することに強い抵抗があり,クライエントにとっては自分の考えを否定される感じがして怒りが生じていたと思われる。また,自分の思考を客観的に考えるメタ認知能力[注1]が乏しいと思われた。そのため,初めは自律訓練法や行動スケジュール法などの身体感覚的,行動的な側面に焦点を当て,認知や感情の側面には触れないように注意し,治療効果が出始めたりセラピストへの信頼感が形成されるにつれて認知的技法を導入していった。そして,メタ認知能力の乏しさに対しては,最初はセラピストが思考をとらえて変容する作業のモデルを示して,徐々にクライエントのパフォーマンスに移していくという手続きをとった。このようにして,クライエントの抵抗を防ぎ能力に合わせた方法をとることで,順調にセッションを進め効果をあげたといえる。

2. パニック障害（空間恐怖）

　パニック障害は,突然起こる激しい不安,動悸,息苦しさ,発汗などの症状を経験した後,またその発作が起きるという予期不安が慢性化する障害で,その状態が電車や自動車などの乗り物,混雑した場所など逃げられない場所への恐怖となって現れる場合を空間恐怖という。ここでは,電車内での予期

注1) 認知心理学の用語で,現在行っている自分の思考や行動そのものを対象化して認識することにより,自身の認知や行動を把握することができる能力のことをいう。

不安をもつ症例を提示し，パニック障害（空間恐怖）の認知療法の過程を説明したい。

[パニック障害の症例]

クライエント：40代，女性，団体職員。

主　　訴：電車の中で腹痛が起こるのではないかと不安になる。

問 題 歴：半年ほど前に，出勤途中で電車の中で腹痛が起こり，数回下車したことがある。4カ月前，出勤時の電車で疲れていて気分が悪くなり，動悸がしてきたので下車した。その後も出勤時に腹痛，動悸，息苦しさが生じるようになり，「このまま倒れるんじゃないか」，「電車に乗れなくなったらどうしよう」と思うようになった。

面接経過：(「　」はクライエントの言動を，〈　〉はセラピストの言動を表す）クライエントは痩身できりっとした外見で一見クールだが，話してみると真面目，誠実で，相手に気を遣って配慮できる人であった。ユーモアもあり，人懐っこいところもあって，誰にでも好かれそうなタイプである。仕事もほぼ休まずに厳しい業務を長年こなしており，社会適応は順調にできている印象であった。数回セッションを行った後，パーソナリティーの偏りもなく，病態的には神経症レベルであり，症状以外は適応上の問題はなく，標準的なパニック障害の認知療法を適用することとした。

　クライエントは症状や問題状況を初回から整理して話すことができ，どのような状況で問題が起きるのか，症状は時間的にどのように経過するのかなどの情報が確認できた。また，職場での状況について，特に業務量の多さと密度の濃さが相当に負担で，仕事のストレスが症状の発生に大きく影響していることがうかがわれた。また，家族の問題（家庭の経済の不安定さ，兄弟との葛藤）もあり，それがパニック症状の遠因になっているようであった。

　セッションでは，仕事や家庭での問題や葛藤を共感的に聴いて整理しながらも，主に問題となっているパニック症状に焦点を当てていき，特に認知面，行動面についてアセスメントと介入を行っていった。初回セッションでのク

ライエントの症状の訴えに対して，〈動悸が強まっても倒れることはない〉，〈周りに不安が知れてもよい〉，〈息苦しくなったら，ゆっくりとした呼吸をすること〉といったコメントを伝えたところ，第2回のセッションでは，「動悸がしても倒れることはない」と思うと不安が軽減し，2カ月ぶりに快速電車に乗れたとのことであった。また，腹痛が起こると我慢できずもらしてしまうという不安を訴えたため，電車の中で腹痛が起こった場面をイメージさせ，実際には乗車時間中（次の駅に停車するまでの10分間）にはもらすことはないことに気づかせ，安心感を得ることができた。その後は，調子のいい時には快速電車に，調子の悪い時は普通電車に乗るようにして，無理をせず徐々に不安を克服するようにしていった。

　セッションが進むにつれ，クライエントのもっている自動思考，その背後にある信念がいくつか見つかった。たとえば，「他者に迷惑をかけてはいけない」，「むやみに感情を出してはいけない」といったべき思考，「絶対に遅刻してはいけない」という完全主義，「必ずまた不安が起こるに違いない」といった過度の一般化，「遅刻すると評価が下がり，会社にいられなくなる」という否定的予測などである。これらの考え方のクセを順次指摘したり，「他者に迷惑をかけてはいけない」，「感情を出してはいけない」といった媒介信念を確認していった。

　以上のような，電車（快速電車）に乗る機会を徐々に増やしていくこと，不安に関係する自動思考や媒介信念を確定して気づかせ，それらを変えていく動機づけを高める作業の他に，職場での出来事や家庭内のアクシデントなどを丹念に聴いていくことも続けた。クライエントは製造業界の一流企業の会社員で，事務業務に携わる一般職ではあるが，質的も量的にもかなりの負担のある仕事をしていた。オフィスでは無駄口を叩かず黙々と業務をこなし，面接中もほとんど愚痴も言わずに，気の遠くなるような事務作業を来る日も来る日もこなしていた。それでも，時々顔をのぞかせる仕事への圧迫感や理不尽な態度を示す同僚への困惑が見て取れた。セラピストは仕事の大変さと周りの理不尽さの指摘を（本人は言葉に出さないが）言語化し，共感的理解

を伝えるように努めた。また，家庭では問題行動を起こす兄から受ける精神的負担が強く，これについてもセラピストからその負担の大きさにクライエントが多大なストレスをこうむっていることを明確にし共感に努めた。

このようにして，電車内の不安がほぼなくなった後も，生きていく上でのクライエントの苦しみを支えていくようにして面接は3年以上続き，「まあいいかと思えるようになった」，「なるようになる」といった自己受容的な言動が見られるようになり，「生きているだけで意義がある」と思えるまでになった。

この症例では，腹痛を契機にパニック発作を起こし，その結果電車での通勤が困難になったクライエントに対して，主に破局的認知の変容（Clark, 1986）と段階的エクスポージャーを用いた認知療法の過程を提示した。また，「完全であらねばならない」，「感情を出してはいけない」といった媒介信念も取り上げた。一方で，このクライエントは仕事や家庭での過酷なストレス下にあり，それを内に秘めて自己犠牲的にふるまっていた。セラピストはこのような行き詰まり感，圧迫感をセッション初期から感じ，その苦しさや葛藤を明確化し，わずかに表出されてきた感情に対して共感的理解を伝えるように努めた。2回目のセッションですでに症状が軽減しているのも，共感的なかかわりへの反応であろう。

不安症状が軽減した後も，長期の支持的面接を続け，自己受容感や自己価値の強化を図ることができた。認知変容，行動的トレーニング，共感的かかわりがあいまって効果をあげたケースということができる。

3. 強迫性障害

強迫性障害は，自分の意に反して意識の中に侵入して浮かんでくる言葉，思考，イメージなどの強迫観念と，強迫観念に付随して反復的に起こる強迫行為のいずれか，または両方が生じる疾患である。儀式的行動や確認行動な

どは誰にでも起こりうることであるが，それが生活を侵害するようになると強迫性障害として治療を要することになる。強迫症状は習慣化し，固定化していることが多いので，薬物療法や心理療法の治療を始めてもなかなかよくならず，治療抵抗が強い病態として知られており，治療を始めると悪化することさえある。

しかし，認知療法や行動療法は適応がよく，第一選択とされることが多い。認知モデルによる強迫のメカニズムの研究も多く，自分の意志と無関係に意識に進入する侵入思考（Rackman & de Silva, 1978）の研究，自動思考の元にある，自分の責任性を過大評価する強迫スキーマ（Salkovskis, 1985）の研究などで強迫のメカニズムが精緻化されている。

ここでは，強迫観念，強迫行為の両方を呈したクライエントの症例をあげ，強迫性障害の認知療法の適用の工夫について述べたい。

［強迫性障害のケース］

クライエント：20代，男性，アルバイト。
主　　訴：強迫観念のため，仕事が続かない（人がしゃべっていると，自分のうわさをしているのではないかと思う，等）。
問 題 歴：高校2年時，数字の4や6が頭に浮かんできて落ち着かず，そわそわするようになったという。その頃2カ月間学校を休んでいる。2年ぐらい前から，近くで人がしゃべっていると自分のうわさをしているのではないかと気になるようになり，その後，仕事（アルバイト）も十数回変わっている。精神科の病院に通院し，投薬を受けていたが効果がなく，本で見て当院を受診した。
面接経過：まず現病歴を聴取したが「説明しづらく，親にも困る」という。「一人になると意識が遠のく」と言い，離人感様の症状もある。数日前まで店員のアルバイトをしていたが，人のうわさが気になりやめたという。「親は考えを押しつけてくる」ことや，「わかってくれる人がほしい」との発言から，わかってもらえないつらさ，わかってもらいたい気持ちの強さを明確化した。

「今日話を聞いてもらってだいぶ楽になった」と言って，初回面接は終了した。

第2回では，友人2人を連れて来院，セラピストから症状を説明し，友人の理解を得た。第3回では母親も同伴，母親によると，両親ともにクライエントの訴えには否定的だという。第2回の時点で，うわさされているという不安は減少，第5回では確認症状（たばこの火やコンセント，目覚し時計をセットしたか等）もやや減少しているが，症状をめぐって父親と対立し，言い合いになることは続いていた。第3回の後，精神科医に依頼し診察を受け，投薬も開始した。

第6回，収入がなく，親に迷惑をかけているという気持ちが強く，早く仕事（アルバイト）を始めなければという焦りが強い。親に気を遣いすぎることを指摘すると，セラピストにも気を遣うというので，セラピストの気持ちを間違って判断していることを指摘し，このあたりからクライエントの考え方（認知）への介入を始めた。男らしさへのこだわりや完璧主義，べき思考，全か無かで考える傾向などを取り上げ，また，面接中の話し方そのものが強迫的であることを指摘すると，ゆっくり話せるようになった。第14回から思考記録表を導入した。記入の要領はすぐマスターできたが，非常に多くの出来事を記入する傾向があった。思考記録表を繰り返すにつれ，考え方のクセや合理的思考への変更がスムーズかつ簡潔にできるようになった。**表1**に，思考記録表の一部を示した。

表1　強迫性障害のクライエントの思考記録表

状　　況	感　　情	自動思考	合理的思考
足を伸ばした時	ギターが倒れてこないか不安	足でけってしまい，ギターが顔に当たらないか ［否定的予測］	けって倒れることはまずない，それも頭に当たることなどは
ひげをそっている時	きれいにそれているか気になる	人から見てかっこ悪い ［読心術］ ［全か無か思考］	多少伸びていても，そんなにかっこ悪いとは思わない

強迫症状は増加，減少を繰り返しながらも，全体的には徐々に治まってきた。しかし，症状をめぐっての親（特に父親）との口論が尽きず，家で言い争っては，親子とも興奮しているようであった。

思考記録表は順調に続け，その中でうまく合理的に考えられた項目は日常でも強い不安に襲われることなくこなせるようになった。特に，父親に恐怖感をもつことの不合理さ，主観的にものごとを見てしまうこと，気持ちと事実を混同してしまうこと（情緒的理由づけ）等が明確になった。症状や心理状態はおおむね順調になってきたが，一方で父親と言い争って興奮すると症状が増強する傾向があった。

第22回から，自動思考の中の考え方のクセに加え，「不安や恐怖心があると何もできない」，「仕事は完璧にこなさないといけない」という媒介信念を指摘したところ，思考記録表の中でも自ら媒介信念を同定し，記入できるようになった。父親との言い争いも時々出現するが，セラピストがわかってもらえない悔しさについて尋ねると，「初めの頃ほど大きくない。わかってもらおうとすることが強迫的だ」ととらえられるようになった。

父親が理解してくれ，カウンセリングも信用するようになり，気を遣ってくれるようになったという。第26回で，投薬を受ける病院を替えたこと，思考記録表を自分でできるようになったこと，カウンセリングはお金が続かない，という理由で終了を希望した。最後に「親身になって指導してくれてよかった」と感想を述べた。なお，本治療では認知的技法の他に，思考停止法を適用している（第8回～第14回）。

強迫観念，強迫行為の他に，離人感，抑うつ感，家族との葛藤，不全感など多彩な問題をもつケースに，思考記録表による合理的な思考の形成や信念，スキーマの変更を促した。認知療法や思考記録表を十分に説明し，合意を得て，体系的に一つ一つ丁寧に思考を扱っていったことで，クライエントの反応パタンに即して介入することができた。また，面接場面での行動実験（歩いている時にカバンが落ちるかどうか，など）や治療関係（セラピストが怒

っているという誤った認知)の中での自動思考を扱っていくことが治療を促進した。つまり、面接外の出来事だけでなく、面接内での今、ここでの出来事を扱うことで、思考、行動が実証できたということである。

　強迫症状は家族を巻き込むことが多く、適切な家族介入が必要である。このケースでは、父親の強迫性がクライエントの症状を強化していたと思われる。クライエントは「わかってほしい」という欲求があり、父親、母親に理解を促すことでクライエントの思いを援助することができた。

4. パーソナリティー障害

　うつや不安などの症状レベルとは別に、人の反応傾向の基礎をなすパーソナリティー構造における偏奇をもつ状態をパーソナリティー障害と呼ぶ。DSMでいうⅠ軸の障害とは違い、パーソナリティー障害はⅡ軸に分類され、非機能的、非適応的な信念やスキーマが賦活されやすく、自動思考のうち思考のクセを抽出し変容を試みても強い治療抵抗が生じることが多い。そのため、時間をかけて信念やスキーマを探し、丹念に繰り返し検討し、様々な技法を使用して変容を図る必要が生じる。もちろん治療関係にも細心の注意を払い、信頼関係を構築することが必要なことはいうまでもない。

　ここでは境界性パーソナリティー障害の症例を通して、信念やスキーマに介入しながら慎重に扱っていく過程を提示したい。

[パーソナリティー障害の症例]
クライエント：20代、女性、無職。
主　　訴：イライラ、心がからっぽな感じがする。
問 題 歴：厳しい父親、父親に従うだけの母親の元、特に問題を起こさず大人しい幼少期を過ごす。中学2年生の時、軽いいじめがきっかけで時々学校を休むようになり、3年生からはほとんど登校できなくなった。単位制の高校に進学したが、初めの2日間登校しただけで中退している。17歳頃から

イライラやうつ感情が生じ，20歳頃から空虚感を感じるようになる。22歳時に希死念慮が高まり，リストカットも繰り返すようになり精神科を受診，抗うつ薬，抗不安薬を処方されたが効果はなく，3カ所ほどの精神科クリニックを受診の後筆者に紹介されてきた。

面接経過：初回面接では，あまり感情を出さず淡々と今までの経過を説明した。セラピストはその経過から病理の重さを感じ，問題を刺激しないように慎重に，受容的に傾聴していった。第3回を過ぎたあたりから対人関係の話をするようになった。少数の友人がいて，時々メールでやりとりしたり，たまに会って話したりしているが，自分だけ疎外されているように思うということから，認知療法についての心理教育を行った上で，友人との会話でのやりとりを状況，感情，思考に分け，自動思考について検討していった。思考のクセを指摘したり，自動思考の根拠を検討するという作業を続けた。しかし認知のパタンに気づく様子はなく，理屈は理解しているようだが，現実的，合理的な思考に修正したり，ネガティブな感情が軽減する徴候は見られなかった。

第8回目に，クライエントの思いや考え方をわかってくれない，とセラピストに不満を漏らすようになった。ここで一時認知療法的介入を保留し，セラピストに理解してもらえないことへの不満と怒り，自分を否定されたと感じて腹を立てていることなどを指摘し，クライエントの気持ちを受け止めるよう努めた。同時に，セラピストはクライエントを助けるために真剣に取り組んでいること，決して諦めず面接を続けるつもりであることを何度も伝えた。

このような受容的面接が数回続いた後，クライエントの感情は安定してきたので，再度認知療法的介入を開始した。まず，媒介信念，中核信念，および早期不適応的スキーマについての心理教育を行い，おおよその理解を得た。そして，改めて友人関係での葛藤を聞いていくと，他の友人同士が2人で会う約束をしたことがあり，その時自分だけがのけ者にされたと感じたこと，「カーッとなり」抗議のメールを友人に送ったことなどを述べた。セラピス

第6章 認知療法を実践的に使う

表2 有利な点と不利な点の比較

友達に連絡をとらなくなることの

有利な点	不利な点
嫌な気持ちから逃れられる	友達がいなくなる
これ以上利用されずにすむ	会いたくなっても会おうと言いにくくなる
	あとで後悔する
	利用されていたのは誤解かもしれないが,確かめられない

トはこのいきさつを十分聞いた上で,この状況ではその友人がどう考えるかについて例をあげながらいくつかの可能性を指摘した。クライエントは,以前と同じように頭で理解を示したのみであったが,セラピストにネガティブな感情を向けることはなくなった。

その後友人との別の場面での葛藤や,家族（主に母親）とのいさかいについての話を聞きながら,「人に親しく接したら,利用されてしまう」という媒介信念があることを指摘すると「確かにそう思っているところはある」と認めた。そして,「そのうち利用されるんじゃないか,と思ってこちらから連絡をとらなくなったりする」と述べた。そこで,「友達に連絡をとらなくなる」ことの有利な点と不利な点を列挙することにした。その結果を**表2**に示す。図示したことにより,連絡をとらないことでかえって不安が残り,利用されないかもしれないという可能性を確かめる機会がなくなることに気づき,意外な結果にクライエントはしばし考え込んでいた。その後は友人とメールしたり会ったりした時にも,以前ほど疑いの気持ちをもつことはなくなり,連絡をとらなくなるという傾向は減った。

第20回を超えたあたりでは,上記の媒介信念の他に「近づくと人は私を置いて去ってしまう」という中核信念に近い媒介信念や,「人から理解されたり,気をつかってもらえない」という早期不適応的スキーマ（情緒的剥奪スキーマ）を確認していった。次第に幼少期の親とのかかわりを思い出すことが多くなり,特に母親との会話についての話題を中心に面接が進んでいっ

た。幼稚園に通園している頃，友達と遊ぶことをめぐっての母親との対話を思い出し，その時に強い不安を覚えたと語ったことから，その時の様子をイメージの中で再現し，信念を確認することにした。

　イメージの中でクライエントは，仲が良くなった幼稚園の友達の家に遊びにいくことが多くなったのだが，母親がその友達のことをよく思っていなかったようで，「仲良くしていても，そのうち遊んでくれなくなるに違いない」とか「女の子は陰で悪口を言うものだ」ということをたびたび口にしていた。それでも遊びたいとクライエントが訴えると，「勝手にしなさい」と機嫌をそこねてしまい，しばらく口もきいてくれなくなったという。セラピストは今までのセッションで何度も確認してきた「人に近づくと，利用されたり自分の前から去ってしまう」という信念を指摘し，またそれに対抗する新しい信念を作ることができるということを保証して，イメージの中で母親にその新しい信念を宣言するよう導いた。クライエントは最初口ごもりながら発言していたが，セラピストの励ましで次第にはっきり言語化するようになり，最後には「お母さんが何と言おうと，私は友達と遊びたいし，裏切られたりもしない。自分の考えを押しつけないで。私は，自分の思ったようにしたいの」とはっきり言うことができた。セラピストは，そう宣言できたクライエントをねぎらい，新しい信念を強化するように努めた。

　その後クライエントは，母親にはっきり意見を言うことが多くなり，そのために母親の方が少し感情的になったりしたが，幸い母親には友人が多く，外部に目を向けることで娘との葛藤から適度な距離を置くことができている。クライエントの方は，時々対人関係の葛藤が再燃することがあるが，以前よりずっと友人関係を順調に保つことができるようになっていった。家族や友人以外のことにも目が向くようになり，治療を開始して1年半ほど経った時点で簡単なアルバイトを始めて，社会適応に向けて少しずつ歩み出している。第40回のセッションを経過した今も慎重に少しずつ生き方を模索しつつ認知療法を進めている。

このケースは，中学生の頃から不登校，社会不適応を示し，行動化（自傷）や空虚感，抑うつ感，対人関係での葛藤（対人不信，見捨てられ感）などが見られる境界性パーソナリティー障害と診断された。初期の訴えである友人との関係の問題について，自動思考の検討を中心に対応したが，理屈はわかっても感情との関係につながらない状況が見られ，感情の高まりがセラピストに向けられるという陰性の転移現象が生じた。ここでセラピストは認知療法的介入をいったん保留し，治療関係の構築を第一義的に考え，クライエントの気持ちを共感的に受け止めることに集中した。このように治療関係の安定化を図った後で，自動思考の基底にあると思われる信念やスキーマの探索に焦点を当てていき，「人に近づくと利用される」，「私から去っていく」という信念を抽出し，認知的技法（有利な点と不利な点の列挙），体験的（感情的）技法（幼少期の体験の再構成）を使って，古い信念を新しい信念に変更する作業を行った。

 この例のように，病態水準の低いクライエントは，自動思考に直接介入すると抵抗を生じることが多く，ネガティブな感情を引き起こすことがよくある。クライエントがセッション中で感じている感情に注意深く焦点を当て，受容的に対応することで安心感，安全感をもてるようにして，その後で少しずつ信念を扱い，体験的に介入することにより無理なく新しい信念を作り上げることが必要である。

5. その他の精神疾患

 認知療法は他の心理療法に比べ，非常に幅広い疾患に適用可能である。それは，第7章でも述べるように，認知療法は様々な要因を含み，他の心理療法の要素を兼ね備えた統合的方法であることも関係している。以下に，ここまで述べた精神疾患以外の，認知療法がよく適用される疾患についてそれぞれの治療方法の概略を紹介する。

①摂食障害

　摂食障害は，精神症状というよりも拒食や過食，嘔吐といった食行動の異常とそれに伴う体重の増減といった，行動的，身体的症状を中心とする障害である。食行動そのものを行動的技法（オペラント強化法など）により改善させるような介入も行われるが，食物，体重，自己イメージへの認知が非現実的であり，それらの再構成を図ることで認知面へのアプローチがとられることが多い。

　また，摂食障害のクライエントは，背後にパーソナリティーの問題があることも多く，認知の変容への介入に抵抗が強く，否認や怒りが生じることがあり治療が停滞しやすい。そのため，自動思考を取り上げるだけではなく，時間をかけて信念やスキーマを同定して変容する介入が必要になる。治療関係にも十分な注意を払い，抵抗への対処や治療への動機づけを高める工夫をすることも重要である。

②外傷後ストレス障害（PTSD）

　災害や犯罪被害，性被害などに遭遇した後に，慢性的な不安やうつや身体症状，フラッシュバックなどの症状が生じる外傷後ストレス障害（PTSD）は，トラウマ場面について話したりイメージすると強い不安症状を起こしたり，直面することそのものを拒否したりするので，治療の初めから問題に介入することが困難となる。行動療法では，早期にエクスポージャー法を用いて強力に治療を押し進めることが多いが（もちろんよりマイルドな行動療法もある），認知療法では早期から問題には介入せず，リラクセーションなどの身体的技法を用いたり，周辺的な話題を話し合って傾聴したりしながら，徐々に問題に近づいていく。クライエントがトラウマ状況に直面できた時点で，初めてその状況についての認知に介入していく。

　外傷後ストレス障害のクライエントは，トラウマ状況への認知が非合理的であることが多く（必ずまた同様の被害に遭う，その被害に遭ったのは自分に問題がある，など），そのような認知に慎重に働きかけ，合理的思考がで

きるように援助していく。トラウマが生じた場所に近づけるようになるために，段階的接近法などの行動的技法を適用することも有効である。

③子どもの問題

　認知療法は，自分が考えていることへの気づきと変容，すなわちメタ認知を扱うため，年少の子どもには適用しにくい。小学校高学年ぐらい（10歳前後）から自分を客観視する能力が高まるので，認知を対象とするならそのあたりの年齢からになろう。

　対象とする問題には，広汎性発達障害（PDD）や注意欠陥多動性障害（AD/HD）などの発達障害，不登校などの行動障害，情緒障害，心身症などがある。子どもの場合は，認知を扱う時に絵や表などを使いながら，実例を用いて具体的に介入すること，クライエントに考えさせるよりもセラピストから積極的に自動思考を指摘したり教育したりする姿勢が必要となる。また行動的技法を多用することが必然的に多くなるだろう。

④統合失調症

　統合失調症は興奮，幻覚，妄想などの激しい状態を示す陽性症状と，自閉，感情鈍麻，自発性の低下などの陰性症状を呈する病態である。病理的に重篤であるので，従来の心理療法は適用しにくく，主に薬物療法と社会生活療法（精神科リハビリテーション，作業療法など）によって対応が図られてきた。近年になって認知療法，認知行動療法の適用が見られ始めており（Kingdon & Turkington, 1994; Fowler et al., 1995），我が国でも少数の臨床，研究が始まったばかりである。

　病態の重い統合失調症の治療といえども，認知療法の介入法は標準と大きく隔たるものではない。幻聴や妄想に対しても認知モデルを元に概念化し，それらの症状を起こしている思考や信念に対して介入し，効果をあげている。ただし，神経症など病態の軽い症例と比べ，セラピストから積極的に介入し，心理教育的ニュアンスが強くなる特徴がある。適切な薬物療法や入院やリハ

ビリテーションを含めた生活管理的かかわりを構造的に行いながら認知療法を行うことで，ますます有効な統合失調症の治療が行われることが期待される。

第7章

心理療法の中の認知療法
――統合的方法としての認知療法――

　第1章1節で述べたように，1900年頃のフロイト（Freud, S.）の精神分析療法に端を発する現代心理療法は，その後100年あまりの時を経て今は認知療法，認知行動療法の時代を迎えている。常に欧米の心理療法の波に数十年の遅れをとっていた日本の心理療法も，ここ数年で急激な勢いで認知療法，認知行動療法が勢力を増しているが，2011年の現在では，精神分析，人間学派，そして認知行動系が拮抗している状況である。心理療法は，今までにどのような系譜をたどってきて，そして今後どのような方向に進んでいくのだろうか。心理療法の歴史の中で，認知療法は今現在どのような位置を占め，どのような役割を担っているのだろうか。

　一方，もう一つの流れとして単一の心理療法学派にとどまらず，複数の学派を総合して新しい方法を構築したり，有効な方法を整合的に組み合わせて効果をあげようとする統合的・折衷的方法がある。アメリカでは1970年頃から提唱され始め，認知療法，認知行動療法の発展と並行して展開し，洗練されてきた方法である。日本ではこのような方法論を標榜し実践，研究する臨床家はいまだ少数であるが，少しずつ発展する兆候はあり，近い将来日本でも主要な方法となることが予測される。では，統合・折衷的心理療法と認知療法の関係はどのようなものだろうか。

　本章では，そのような疑問に答えるべく，今まで発展してきた心理療法の理論的，方法的な概観と，様々な学派をつなぎ，まとめるかたちで発展してきた統合・折衷的心理療法を紹介し，現代における認知療法が優れて統合的

であることを考察したい。

1. 従来の心理療法の概観

　第1章1節でも若干の展望を試みたが，ここではもう少し詳しく今までの心理療法の歴史と展開について解説したい。特に，各治療学派の理論的，技法的な観点から時代順に紹介し，それらがどのように発展し，統合されてきたかを考察する。

　フロイトが初めて精神分析療法の考えを示したのは，1900年の『夢分析』と考えてよいだろう。それまでの，身体的治療の延長としての心理学的ケアや催眠療法，現在から考えるとオカルト的な治療法といった心理的治療法の時代から，物理学や心理学の知見をモデルにした科学的な心理療法を構築したフロイトの功績は大きい。精神分析療法の主要な原理は，無意識の存在を仮定したこと，乳幼児期の心理過程を重視して発達的観点を取り入れたこと，心の構造と機能を解明したことである。理論的にも，構造論（エス，自我，超自我），経済論，力動論，発達論，適応論など様々な基盤を考え，総合的な人格論，治療論となっている。その後時代を追って，対人関係論，自我心理学，対象関係論，中間派，自己心理学等が発展してきているが，その中でもやはり対人関係論と自我心理学が認知療法と関係が深い。ベック(Beck, A. T.)はもともと，対人関係論的な精神分析療法の訓練を受けている(Freeman, 1989)。対人関係論は，フロイトの提唱した生物学的な概念（リビドー，口唇等の固着点，死の本能など）よりも，実際の対人関係的な相互交流を中心とする社会，文化的なものを重視(Erikson, 1959)する，より常識的，現実的な理論である。また自我心理学は，本能的，欲動的なエネルギーの源泉であるエスよりも，自我の自律的，適応的機能を重視する。自我の役割は，知覚，思考，記憶，判断などであるので，認知療法が目指す認知の働きの査定と変容に関係が深いのは自明であろう。対象関係論や自己心理学のような情動的，ないし体験的な理論と比べて，より機能的で関係論的な理

論と方法論を用いるところは，認知療法の概念的基礎と共通する。

　精神分析療法に次いで心理療法として体系化されたのは行動療法で，1920年代から興った基礎心理学としての学習心理学がその起源である。行動療法の創始者は一人に限定されず，系統的脱感作法を開発したウォルピ（Wolpe, J.）やラザラス（Lazarus, A. A.），オペラント強化法の原理を提唱したスキナー（Skinner, B. F.）など複数の臨床家，研究者があげられる。行動療法では顕在的な行動だけに焦点を当て，人の内部はブラックボックスとしてそこに提示される刺激と，反応としての行動（動作としての行動の他に，瞬きや皮膚電気反応のような生理的なものも行動と見なされる），そしてその結果としての環境の変化という3つの要因の関係を分析し，条件づけ理論によって構成されたアセスメントと介入により，適応的な行動の学習ないし不適応的な行動の消去を行う。このように学習理論では行為の主体としての人間の中の構造的メカニズムは想定しないが，その後，第1章2節で述べたような認知的な考え方をする行動療法家，学習理論家が現れ，学習・条件づけ理論の枠組みの中で内潜的行動としての認知を扱うこととなった（Cautela, 1970; Bandura, 1977）。

　その後行動療法は，アメリカ，イギリスを中心に発展し，長きに渡って心理療法の中心的役割を占めるようになっていった。現在では行動療法は，認知的要因を積極的に取り入れた認知行動療法と，スキナーの徹底的行動主義を基礎に据える応用行動分析に大きく分かれて臨床と研究が続いている状況である。

　精神分析，行動療法に対抗する第三の波として，ロジャーズ（Rogers, C. R.）がクライエント中心療法を創始した。クライエント中心療法は，精神分析のように無意識の存在を仮定せず，また行動療法のように人間の内部をブラックボックス化して環境と行動の関係のみを対象にすることもせず，体験的，現象学的な人格論である自己理論を想定した。不適応状態にあるクライエントは，自己概念（自分の状態への知覚）と経験が不一致状態にある。セラピストは，クライエントの体験する思考や感情や感覚に無条件の肯定的関

心を向け，感情移入的理解（共感）を伝え，それらの基礎として純粋で自己一致した態度を提供し続けることで，クライエントが次第に自己一致状態に向かうと考える。その前提として，クライエントが可能性を実現し，人間として成長する力を有していることを信頼する。

　日本では，精神科医でなく心理学を専攻するいわゆるカウンセラーがクライエント中心療法を積極的に取り入れ実践した経緯がある。フロイトやウォルピと違い，ロジャーズは心理学者であったこともあるが，やはり人間性を中心に据えて，受容的，共感的な態度でクライエントに接する方法が，集団主義的で受動的な日本人の特性に適合したことが大きいだろう。ちなみに主要な心理療法として長らく勢力を保っていたクライエント中心療法は，「話を聞くだけ」でクライエントや患者の言動をただオウム返しするだけの無効な方法であると揶揄されてきたきらいがある。しかしこれは大きな誤解であり，むしろ哲学的な概念を背景にもつ理論（自己理論）を構築し，クライエントの人格の変化についてのメカニズムも，セラピストとの関係論的な相互作用を現象学的に説明し，かつ実現傾向という人間の成長への可能性を認めるという極めて人間学的な理論と方法論を備えている。またクライエント中心療法には，精神分析療法のような多様な人格理論（たとえば構造論，力動論や発達論といったメタ心理学的な概念や，自我心理学や対象関係論といった理論的バリエーションなど），多層的な治癒メカニズム（カタルシス，無意識内容の意識化，対象の内在化，修正情動体験など）をもつわけでなく，また行動療法のように多数の治療技法（系統的脱感作法，エクスポージャー，オペラント法，バイオフィードバック法など）をもっているわけでもない。自己理論による単一の人格論，治癒メカニズムと，技法ではなくセラピストの治療的態度のみでクライエントにかかわり，人格の変容と治療に携わることになるので，理論や技法に依存せず，セラピストの人としての資質や治療者としての力量がそのまま問われることになる。クライエント中心療法は，あらゆる心理療法の中で最もセラピストのセンスと力量，そして努力が必要とされる方法であると考えられる。

以上の精神分析療法，行動療法，クライエント中心療法が心理療法の三大潮流であるが，そのあとに出てきたのは交流分析療法，論理情動行動療法，フォーカシング指向心理療法である。いずれも 1960 ～ 1970 年代に登場し，現在でもよく使われる方法である。

 交流分析療法は，「精神分析の口語版」と形容されるように，精神分析療法が元になっており，"子どもの心，大人の心，親の心"という自我状態がそのまま「エス，自我，超自我」に対応している。またその 3 つの自我状態の力動的関係を考慮し，2 人の人間のそれぞれの自我状態の交流を重視しているが，これは精神分析療法の対人関係論の影響を強く受けている。また，グループ療法として行われることが多く，グループ理論，システム理論の影響も受けているし，近年はゲシュタルト療法から取り入れたゲシュタルトワークも組み入れて"TA-ゲシュタルト療法"（Goulding & Goulding, 1979; 杉田, 2000）と標榜している治療法もある。

 エリス（Ellis, A.）が創始した論理情動行動療法は，ネガティブな情動の元には非合理的な信念があるとして，セラピストの説得調のコメントにより論駁するという極めて指示的な方法である。非合理的信念を扱うところは，自動思考や信念を対象とする認知療法と共通するところがあり，認知療法の起源の一つとされることもある（Freeman, 1989）。エリスもまた対人関係学派の精神分析療法の影響を受けており，認知を扱う治療法は対人関係的精神分析療法と関係が深いことが見て取れる。なお，エリスは論理情動行動療法を開発した当初は，論理情動療法（Rational Emotive Therapy）と称していたが，途中論理的思考を重視し論理療法（Rational Therapy）と名称を変更し，最後に論理情動行動療法（Rational Emotive Behavior Therapy）としている。論理や思考を中心としながらも，情動や行動も時代の要請に即して介入の対象にしたことがうかがえる。ちなみに近年エリスは，ブリーフという言葉を前につけるようになり，短期論理情動行動療法（Brief Rational Emotive Behavior Therapy）と称している。時代とともに柔軟に自らの方法をアレンジしていく，臨床家ならではの傾向だろう。

フォーカシング指向心理療法は，元はロジャーズの学生であったジェンドリン（Gendlin, E. T.）が創始した体験的心理療法である。従来の心理療法は思考や感情や行動を対象としてきた。つまり，人はどのように考え，どのように感じ，どんな行動をするかを重視し，それらが相互にどのような影響を及ぼし合うかをアセスメントし，介入する。ジェンドリンは過程としての体験を重視した。つまり，まだ言葉や感情や思考には表れないが，漠然とした身体感覚的な意味（感じられた意味，あるいは含まれた意味と表現される）が表出され，その探索が進むことによって，それまで明らかにされていなかった意味が表れて，静止していた体験過程が動きだすということである。そのような含まれた意味を見出すために，心理的な問題について体で感じる感覚に焦点を当て，体が表す感覚をフェルトセンスと名づけて，そこから含まれた意味を見出そうとする。また，問題の中に飲み込まれることなく，問題と程よい距離をとる態度をクリアリング・ア・スペースと呼ぶ。これは心の中に空間を作るという体験的意味合いが強いが，症状そのものやネガティブな感情，思考に絡め取られて苦しむクライエントにとっては，このように問題と距離をとれることはそれ自体強力な治癒効果をもたらす。

　ジェンドリンは元来心理療法家でも心理学者でもなく，哲学が専門である。人間存在の根本をなす体験というものを，実存的，現象学的にとらえ，それを心理療法に応用したということである。その意味で，精神分析療法のような構造主義的，また行動療法のような機能論的な認識論とは異なり，やはりロジャーズの現象学的な人間のとらえ方に近いといえるだろう。

　以上，3つの心理療法，すなわち交流分析療法，論理情動行動療法，フォーカシング指向心理療法は，複数の理論的基盤をもち，その理論的背景に整合的な技法を使用するといえるだろう。

　その次に台頭してきたのは，家族療法，ブリーフセラピーの流れである。1970年ぐらいから，それまでの心理療法の考え方であった因果関係論から，原因と結果の関係ではなく問題は相互に影響し合って発生しているという，循環論で考えるシステム論を元にした心理療法が生まれた。この考えは，主

に家族を対象とした治療に適応されたので，家族療法として大きな学派を形成した。システム理論を背景にした家族療法には主に3つの流派がある。一つはミニューチン（Minuchin, S.）の創始した構造派家族療法である。世代間などの境界があいまいな状態にある家族は，家族構成員が家族のシステムに参加する規則が一定でないために様々な問題に巻き込まれ，過剰に関与し合ったり従属し合い互いに影響を及ぼす。そのような家族システム内にある境界や提携，権力のルールを理解し，家族構造を変化させていくことが治療となる。実際には，セラピストが家族システムの中に入り込み，家族の交流パタンを理解し，戦略的な様々な技法を使って変化を促し家族システムの再構成を試みる。2つ目は，ワツラウィック（Watzlawick, P.），ウィークランド（Weakland, J. H.）らが構築したシステム論的アプローチである。彼らの活動の拠点であるメンタル・リサーチ・インスティチュートの頭文字をとってMRI派とも呼ばれる。そこでは，二者関係や三者以上の関係を円環的因果律で考える。問題や症状は一つの原因があって生じているのではなく，複数の人間や問題が互いに関係し合って循環しているとし，そのようないわば悪循環を断ち切るために，今までのクライエントや家族がとってきた解決努力（偽解決という）を中止し，新たな別の解決努力をするように指示したり，ものの見方，とらえ方を変えることができるように援助（リフレーミング技法）する。3つ目は，ヘイリー（Haley, J.）やマダネス（Madanes, C.）が提唱したストラテジック・アプローチである。それは，2人以上の人が交わる関係は競争的な関係ないし優劣的な関係のいずれかであることと，コミュニケーションの内容よりも「どのように話されたか」（メタコミュニケーション）を重視する。症状や問題は特定の個人には属さず，家族システム全体の問題であると考えるのである。そのようなシステムの関係を変えるべく，ストラテジック（戦略的）に介入することで変化を及ぼそうとする。

　一方，家族療法とほぼ同じ流れで，ブリーフセラピーの大きな波が巻き起こった。その名のとおり短期で効率のよい介入と治療効果をあげることを主とする学派であるが，その源流はミルトン・エリクソン（Erickson, M.）に

ある。エリクソンは催眠療法を主流としていたが，その方法は"利用的アプローチ"と呼ばれ，クライエントがもっているもの，使えるものは何でも治療的に利用した。また，暗示，課題，逸話などを用いて間接的に変化を試みたり，症状そのものや現在の状態に焦点を当て治療を行った。

　エリクソンの影響を受けて，前述のMRIアプローチやストラテジック・アプローチが発展し，またドゥ・シェイザー（De Shazer, S.）とキム・バーグ（Kim Berg, I.）がソリューション・フォーカスト・アプローチを創始した。MRIアプローチとストラテジック・アプローチは家族を対象にした家族療法としての流れもあるが，短期で効率のよい介入を目指しており，家族だけでなく個人を対象にすることもある。ソリューション・フォーカスト・アプローチは現代のブリーフセラピーを代表する方法で，今までの心理療法のモデルとは異質なものである。精神分析療法や行動療法などの従来の心理療法にしても，ブリーフセラピーの学派であるMRIアプローチやストラテジック・アプローチにしても，まず問題を見極めてアセスメントし，それを解決するために介入するという問題解決アプローチである。一方ソリューション・フォーカスト・アプローチは，問題の聴取は最低限にとどめ，治療の初めから解決を目指す解決志向アプローチである。問題を抱えたクライエントでも，その問題がない時があったり何とかうまくやれていたりといった成功体験をもっている。そのような過去から現在にかけてうまくいっている状況を「すでにある解決」と呼ぶ。また，現在はうまくいっていないがクライエントが「こうなればよい」と望んでいるような解決の状態を「これから起きる解決」と呼ぶ。「すでにある解決」を見つけるには「最近その問題が起こらなかったことはありますか」，「その問題がなかった時はどんなふうにやっていましたか」と尋ねる。このような質問法を例外探しという。そして，そのような例外やうまくいっていることを続けるように指示する。また「これから起きる例外」に対してはミラクルクエスチョンという定型の質問を与える。それは，「夜寝ている間に奇跡が起こって，朝起きた時に問題が解決しているが，奇跡が起こったことに気づいていない。問題が解決したことがわかる事柄は

何か」という質問である。この質問への答えを具体的に聞き，それを実際に行ってみるなどして解決を引き出していく。

　以上のような家族療法，ブリーフセラピーの流れは，それまでの心理療法とはパラダイムが異なり，それぞれの理論体系をもつが，クライエントの変化を導くためであればどのような技法も使うという，単一理論かつ多技法の方法群ということができる。

2. 現代の心理療法

　以上述べたような，1900年ぐらいから110年ほど続く心理療法の歴史は，初めは一人の創始者が構築した単一理論と単一技法の時代（精神分析療法，行動療法，クライエント中心療法）から，それまでの理論を総合して新しい理論を構築してその理論に合わせた技法を使う複数理論と技法の時代（交流分析療法，論理情動行動療法，フォーカシング指向心理療法），そしてシステム論やコミュニケーション論という新しいパラダイムを元にした理論から有効な技法は何でも使うという方法の時代（家族療法，システムズ・アプローチ，ソリューション・フォーカスト・アプローチ）へと進展してきている。それでは今現在の心理療法のトレンドは何であろうか。世界情勢まで広げると膨大な情報量になるので日本での現状に限って見渡すと，それはナラティブセラピーとマインドフルネスの2つの大きな流れに集約されるだろう。

　ナラティブセラピーは社会学の分野から起こってきた思想的ムーブメントである社会構成主義を基本にしたセラピーである。社会構成主義とは，人が経験する事実は客観的に存在するのではなく，それが社会的に，つまり人間の間で構成されると考える。また，人間は能動的な存在であり，経験していることの意味を個人的，社会的に構築する存在であると考え，主体的な自己というものを想定している（Niemeyer, 1995）。ナラティブセラピーは，人生や社会での営みは，人が自分の経験に意味をもたせてまとめた知識やストーリーによって構成され，それに基づいた自己や人間関係を演じると考える

(Epston & White, 1992)。治療ではそうした知識や物語から離れさせ，それに対抗し，望ましい結果をもたらすオルタナティブストーリーに書き換えていくことを促す。

　このような考え方は，合理的で正しい認知や行動があり，非適応的な心理的行動を修正して社会に適応していくことを旨とする従来の方法（当然認知療法，認知行動療法も当てはまる）とは著しく異なる。

　一方，マインドフルネスの発想は東洋的な哲学，方法的には東洋的な瞑想が起源である（Kabat-Zinn, 1990）。それは今の瞬間の現実に常に気づきを向け，その現実をあるがままに知覚し，それに対する思考や感情にはとらわれないでいる心のもち方，存在の有様をさす。思考（自己イメージも含む）や感情は現実や自分そのものではなく心の中の一過性の出来事にすぎないのであるが，そういったものが自分と対象との間に割り込んでくるために，対象をあるがままに体験できなくなり，そのことが限りない誤解や苦しみを生む原因になっていると考えるのである。

　認知療法は特にうつの治療においてこのような考え方を取り込み，マインドフルネス認知療法として体系化している（Segal et al., 2002）。そこでは認知療法の知見を取り入れつつ，瞑想や呼吸法などのワークの中で，身体，思考，感情への気づきを促し，マインドフルネスな態度を体験的に形成させていく（Crane, 2009）。

3．統合・折衷的観点の心理療法

　以上述べてきたような様々な心理療法の創立，発展の一方で，各学派を統合して新しい方法を作り出したり，折衷的に使ったりという考え方がされるようになった。このような動きは統合的心理療法または折衷的心理療法と呼ばれ，アメリカを中心に1970年頃から始まった。これはちょうどベックが認知療法を開発した時期に重なる。また，論理情動行動療法やフォーカシング指向心理療法，あるいは家族療法が提唱され始めた頃ともほぼ同じ時期で

あり，いわゆる三大療法が完成を見た後で各種心理療法が開発されていった時期と並行して，統合・折衷的心理療法も発展していったということができる。

統合・折衷的心理療法の定義や方法論を知らない臨床家は，このような方法を単に「精神分析でうまくいかないなら，行動療法を使う」，「交流分析と認知行動療法を勉強しておいて，時と場合に応じて技法を使い分ける」といったように，行き当たりばったりでいろいろな方法を使って，治療が成功するまで試していくというイメージをもちがちである。しかし，統合・折衷的心理療法にも枠組みがあり，作法がある。複数の心理療法理論を正確に理解し，それらの異なる方法がどの点で共通しているかを把握し，綿密なアセスメントを確立した上で，そのアセスメントと整合性のある技法を系統的に適応していく必要があるのである。ここではまず，統合・折衷的心理療法の使い方の4つの分類（理論統合アプローチ，技法折衷アプローチ，共通要因アプローチ，同化的統合アプローチ）とその内容について紹介していく。

1. 理論統合アプローチ

統合・折衷的心理療法でいう統合とは，各心理療法の理論を統合することを意味している。つまり，各理論の人格理論や適応論，治癒メカニズムなどを基準にして理論を併合し，新しい理論概念を形成して方法論を整備する。理論統合を試みる心理療法家は，統合しようとする理論の概念を綿密に分析し，その人格理論や治癒メカニズムなどを厳密に説明，整理して概念を統合しようとするので，その方法自体がまとまりのある理論に見え，一つの完成された心理療法に見える傾向がある（東，2007）。ここでは2つの統合的アプローチを紹介する。

①循環的力動療法（ワクテル）

かつて（今でも）まったくパラダイムが異なると考えられていた精神分析療法と行動療法を統合して，ワクテル（Wachtel, P. L.）が循環的力動療法という心理療法を構築した（Wachtel, 1977）。そこでは，無意識的な考えや

傾向と，他者との交流を作り出す顕在的な行動とがともに決定因となると考える。つまり無意識的な心理的な力と，行動という生き方のパタンが悪循環を形成するので，無意識の理解と行動の変容を図ってそれを打ち切ろうとする。具体的には，精神分析的に解釈を与えて洞察を導くことを繰り返す（徹底操作）際に，ロールプレイやリハーサルを通して内的な変化を定着させるといった介入を行う。このように，外的な行動と内的な意味の世界が相互に作用し合い，循環していると見なし，双方に介入するわけである。

②超理論的アプローチ

　プロチャスカ（Prochaska, J. O.）らは精神分析や行動療法だけでなく，論理情動行動療法や認知療法といった認知的方法，ゲシュタルト療法や実存療法などのヒューマニスティック・アプローチ，ボーエン派療法や構造派療法などの家族療法といった主要な学派を考慮して，理論を統合することを試みている（Prochaska & DiClemente, 1992）。彼らは変化のステージとレベルという枠で統合を考えている。変化のステージは"時間的・動機づけ的な変化の側面"と定義され，熟慮前（precontemplation），熟慮（contemplation），準備（preparation），行為（action），維持（maintenance）に分けられる。"熟慮前"とはまだ自己への気づきがない状態で，無意識とほぼ同義であるとする。"熟慮"は気づくこと，"準備"は変化することへの準備性，"行為"は自律的な行動そのもの，"維持"は防衛機制や病理的反応を使わず健全な対処をすることであるとされる。変化のレベルというのは，心理療法において示唆される，独立しかつ相互に関連のあるレベルで表され，"症状／状況"，"非適応的認知"，"対人関係の葛藤"，"家族システムの葛藤"，"精神内界的葛藤"の5つのレベルに分類される。治療的には症状／状況レベルから取り掛かると変化が起こりやすく，後半に進むほど深くなり治療は複雑になるとされる。この変化のステージ，変化のレベルと治療システムの統合を整理したものが**表1**である。

表1　変化のステージ・レベルと治療システムの統合

レベル／ステージ	熟慮前	熟慮	準備	行動	維持
症状／状況				行動療法	
非適応的認知	アドラー療法	論理情動行動療法 認知療法			
対人関係の葛藤	サリバン療法	カップル・コミュニケーション 交流分析			
家族システムの葛藤	ストラテジー療法	ボーエン療法		構造派療法	
精神内界的葛藤	精神分析療法	実存療法		ゲシュタルト療法	

2. 技法折衷アプローチ

　技法折衷アプローチでは，学派ごとの理論にはこだわらず，クライエントの示す問題への綿密なアセスメントによる見立てに基づいて，有効と思われる技法を選択して適用する。一見論理的，整合的に治療を進めているように見えないことが多いが，背後にはしっかりとした治療論理と，緻密な構想がある。次に折衷的アプローチの代表例であるラザラスの方法を，次いでビュートラー（Beutler, L. E.）らの方法を紹介したい。

①マルチモード療法

　マルチモード療法では，クライエントの訴える問題を行動（Behavior），感情（Affect），感覚（Sensation），イメージ（Imagery），認知（Cognition），対人関係（Interpersonal relationship），薬物／生物学的要因（Drug/biology）の7つのモード（それぞれの頭文字をとってBASIC I. D. と表記）に分け，それぞれのモードを綿密にアセスメントし，モードごとに適切な技法を選択

表2　各モード（BASIC I. D.）の技法

行　　動	(B)	行動リハーサル，モデリング，非強化法，セルフモニタリング，刺激コントロール，エクスポージャー
感　　情	(A)	怒り表現法，不安管理訓練，エンプティーチェアー
感　　覚	(S)	フォーカシング，催眠，リラクセーション，バイオフィードバック，感覚焦点訓練
イメージ	(I)	ショック場面拮抗イメージ法，対処イメージ法，肯定的イメージ法，ステップアップ技法
認　　知	(C)	読書療法，認知修正法，自己教示訓練，思考妨害法
対人関係	(I)	コミュニケーション訓練，随伴性契約，逆説的戦略，SST，アサーティブトレーニング
生物／薬物	(D)	健康な習慣の奨励（栄養，運動，レクリエーション），医師への紹介

し適用する。創始者のラザラスは，初めは行動療法の提唱者の一人であるウォルピと共同で系統的脱感作法などの行動療法の技法を開発し，行動療法の発展の礎を築いた臨床家である。基本的には行動療法（学習理論）の考え方であるが，刺激と反応の関係の他に，個人内要因として認知も重視しており，認知療法に影響を与えた臨床家の一人とされることもある（Ellis, 1989）。先のBASIC I. D.について綿密に情報を集めてアセスメントし，それらをモードプロフィールと呼ばれる一つの表にまとめる。そして各モードについて有効であると予測され，問題と整合性のある技法を選択する。その一例を**表2**に示す。また，アセスメントの段階でプロフィール調査票という質問紙に回答してもらい，クライエントがどのモードに敏感であるかを確かめ，得点の高いモードから順に技法介入を行う。

　治療を展開する途中で，思うように効果がもたらされなかったり，技法への抵抗が生じて面接が行き詰まった場合は，再度モードごとの問題をアセスメントし直し，二度目のモードプロフィールを作成し，新たに介入をしていく。

②体系的折衷療法

　ビュートラーとコンソーリ（Consoli, A.）は，すべての心理療法には効果

が見られること，治療手続きはその学派の元の理論とは独立して行われること，様々な技法に通じる変化の理論がありそれらが作用することを折衷的アプローチの作業原理としている（Beutler & Consoli, 1992）。つまり，どの心理療法学派も効果をもつと言えるのだが，必ずしもその理論に同意する必要はなく，変化を及ぼすと思われればどの学派の技法でも適用すべきであるとする。この考え方はマルチモード療法のラザラスと同様である。体系的折衷療法ではクライエントの要因を問題の重さ，問題の複雑さ，抵抗のレベル，対処スタイルに分けて評価し，技法適用の目安とする。そしてどのような問題を対象として，どの問題から取り掛かるか，また気づき，洞察，認知的セルフコントロールのどれを，どれほどの強さの介入により促すかを決定する。対処スタイルの分類と介入法の対応は次のようなものである。

（ⅰ）内在的対処スタイル（自責や自己価値を下げる）をもつ場合：情緒的な気づきを促す。
（ⅱ）外在的対処スタイル（不満足なことを外部のものごとや他者のせいにする）をもつ場合：行動変化を促す。
（ⅲ）抑圧的対処スタイル（抑圧，反動形成，否認といった防衛機制を使う）をもつ場合：洞察を促す。
（ⅳ）循環的対処スタイル（上記3つのスタイルを行き来する）をもつ場合：認知的セルフコントロールを促す。

このように，具体的で体系的なアセスメントを元に介入法を決定し，治療にあたるわけである。技法的には，症状の改善，ソーシャルスキルトレーニング，家族や社会のネットワークを促進するような認知的・行動的な技法を組み合わせて使うことが多い。

3. 共通要因アプローチ

理論統合や技法折衷のアプローチと異なって，共通要因アプローチでは異

なる治療学派の概念や理論，技法の本質を明らかにして心理療法理論を構築しようとする。つまり理論や技法が異なるどのような治療学派であっても，効果をもたらす要因は共通していて，その要因は必ずしもその学派の提唱する治癒メカニズムとは一致しないということなのである。一般の臨床場面でも，ある特定の学派の治療を行っていても，その治療が理論どおりに進展する前にクライエントの問題が解消してしまうことはよく経験するところである。ここでは，ガーフィールド（Garfield, S. L.）の方法を簡単に紹介しておこう。

ガーフィールドによると，従来の心理療法効果の比較調査研究や自らの臨床経験から，精神分析，行動療法，クライエント中心療法のどの方法にも共通している治癒要因は，治療者の激励，助言，保証，共感と傾聴，支持と是認，誠実さなどであるとした（Garfield, 1980）。そして，バンデューラ（Bandura, A.）の研究を引用して（Bandura, 1977），どの治療学派によっても治療が成功すると自己効力感（self-efficacy）が増加すると述べて，効果においても共通の要因があることを提唱している。このように考えると，既存の心理療法の各学派の理論と技法に基づいて一定の治療を行う必要はなく，上記のような要因を中心に介入を組み立てていけばよいことになる。

4. 同化的統合アプローチ

これは一つのアプローチの立場に，他のアプローチの立場を慎重に取り入れる方法である。まず，セラピストが依拠する一つのアプローチをとりながら，臨床上有効と思われる他のアプローチ（一つかそれ以上）を組み込み，まとまりのある一つの心理療法的方法として実施するというものである。たとえばメッサー（Messer, S.）は行動療法に準拠しながらゲシュタルト療法の技法を適用したり，精神力動的心理療法を基本に認知または行動的な実践法（技法）を組み込むことを提唱している（Messer, 1992）。他に，同化的精神力動療法（Stricker & Gold, 2005），認知‐行動同化的統合（Castonguay et al., 2005）などの例がある。

我が国での統合・折衷的心理療法を考える時に，体系的な方法としてそれを同定したり標榜することはまだまだ少数であるが，臨床実践をしている心理療法家の口から「フロイトとユングとロジャーズの折衷である」とか「人間学的心理療法をしているが，使える技法は何でも使う」，あるいは「精神分析的心理療法家だが，発達障害の生徒のカウンセリングでは認知行動的技法を使う」といった言葉をよく耳にする。これらの臨床家は，まさに同化的統合をそれと知らずして行っているといえるのではないだろうか。近年の日本心理臨床学会のアンケートでは約80％の臨床家が「自分は折衷的心理療法を行っている」と答えている。しかし，日本人が書いた書籍や論文，あるいは学会発表を渉猟しても統合・折衷的心理療法をテーマにしたものは極めて少ない。現場の臨床家は，公的には一つの学派で臨床を行っていると意識しており，改めて問われると自身は折衷的であることに気づくのだが，統合・折衷的心理療法という概念と枠組みで自らを同定することができない，というのが現状だろう。

4. 統合的方法としての認知療法

　前節において，100年あまりの歴史のある心理療法を概観し，それらが統合的または折衷的に用いられる方法について述べてきた。本節では，脈々と続き発展してきた心理療法の流れの中で，現在において世界で最も多用されている心理療法の一つと思われる認知療法が，どのように成立してどのように発展してきたのか，そして心理療法の中でどのような位置を占め，いかなる役割をもっているのかについて見ていきたい。

　第1章2節で述べたように，精神分析療法の訓練と研究をしていたベックが，無意識よりも現実的なレベルの自動思考を発見したことから，うつ病などの感情障害の原因が認知の非合理性にあるとして，認知モデルとして概念化して認知療法という新しいパラダイムの方法を開発した。その際，行動に焦点を当てることでネガティブな感情の改善ができることから，行動療法か

らその方法論を借りてきて体系的な介入法を開発していった（ただし，行動療法からの認知行動療法への発展の場合は別である）。このことから，認知療法は精神分析療法から始まり，行動療法を経て認知療法に結実したといえるだろう。

それでは，精神分析療法や行動療法以外の治療法との関係はどうだろうか。クライエント中心療法とはどのような関連があるのだろうか。また，三大療法の次の世代である交流分析療法や論理情動行動療法，フォーカシング指向心理療法とは何らかの共通点や関連性があるのだろうか。それまでの心理療法とはパラダイムが異なり一線を画す家族療法やブリーフセラピーとはどのような関係をもっているのか。そして最後に，統合・折衷的な心理療法と認知療法とはどういうつながりがあるのだろうか。本節ではまず，各種心理療法と認知療法の関連を，共通点や相違点を考えながら比較検討していきたい。

1. 精神分析療法との関係

精神分析療法と認知療法との関係については再三述べてきたことであるが，ここではもう少し詳細に検討したい。本章1節で述べたように，精神分析療法の理論的基礎は，構造論，力動論，発達論，適応論などである。中でも無意識の概念を想定し，心を構造的[注1]なものと考えたことが最も大きな理論的基礎といってよいだろう。

認知療法では心の主要な働きの部分として認知を想定している。認知モデルそのものは，環境，思考，感情の関係性，つまりそれらの機能的関係を想定した概念である。だが，思考の中でも自動思考の根底にある信念やスキーマという概念は，認知のより深い層にあると仮定されており，精神分析療法で無意識を仮定したことと似ており，心のあり方を構造的に見ていると言え

注1）フロイトは，無意識，前意識，意識という場所と，エス，自我，超自我という構造を別々に想定している。無意識の存在は，フロイトの理論では構造論ではなく局所論という。ここでは，心を構造的にとらえるという意味で，無意識の想定を構造的な理論と表現した。

る。第3章3節で見たように、クライエントの状態の認知モデルによる概念化を行うと、それが層的構造をなしていることが視覚的にとらえられる（47頁の図1, 48頁の図2を参照）。また、既述のように、精神分析療法の中で知覚、認知、判断、記憶などの働きをする自我を重視した自我心理学や、精神内的あるいは生物学的なものよりも現実の対人関係を重視した対人関係精神分析は、そのまま認知療法の考え方である認知モデルや環境との相互作用論（つまり対人関係的な発想）につながる。ベックがそもそも精神分析療法の対人関係学派の訓練を受けたことともあいまって、認知療法と精神分析療法の関係は強いと考えてよいだろう。

認知療法を学び実践する際には、多くの臨床家は以下のように面接を行いがちである。まず認知モデルに影響を受けて、状況、認知、感情の機能的関係に注意を向ける。また、認知を変容することに焦点を当てることから、教育的なやり方になりやすく、時に説得調の介入になりがちである。そして、様々な技法があり記録用紙などのツールも多用することから、技法による介入が中心となることも多くなる。つまり、他の心理療法各派よりも、能動的、教育的、指示的になりやすいということである。ここで、認知療法に暗に含まれる力動的な考え方、すなわち様々な心理的な要因の相互作用をダイナミックな関係ととらえ、それらを的確にアセスメントし治療に生かすというやり方が望ましい。具体的には、対人関係を含む環境と、クライエントの考え方（認知）、そして結果として表出される感情や行動との力動的な関係、認知の中の各要因（自動思考、信念体系、スキーマ）の力動的な関係、時にクライエントとセラピストの間で起こる力動的な関係（精神分析療法でいう転移・逆転移関係）をも注意深くとらえることによって、クライエントの状態像をより生き生きととらえることができ、面接をドラスティックに進めることができるようになる。

2. 行動療法との関係

第1章2節でも述べたように、ベックが創始した認知療法は行動療法の基

礎理論である学習理論を踏襲しているわけではない。つまり，理論的には行動療法と同様，もしくは共通した方法ではないといえる。それでも，認知行動療法とも呼ばれるように行動療法の要因を多く含んでいるように考えられている。それは，認知療法では行動的技法を多用するし，行動療法で標準的に使用する技法をも採用するということが大きいだろう。認知療法で使う行動的技法は，行動スケジュール法，行動実験，段階的エクスポージャー，ロールプレイなどがあるが，いずれも行動理論に基づいて行動そのものを変容するのではなく，行動に焦点づけて介入することで認知を変容することを目的としている。ベックは，行動療法からはいくらかの影響力があったと控え目に述べているが（Beck, 1970），技法的には大きな恩恵を受けているのは明らかである。

　つまり，認知療法は理論的には行動療法（学習理論）の影響を受けていないが，技法的には行動療法から大きな影響を受け多くの技法を借用しているといえる。行動療法はそれだけ実用的な方法であるといえるだろう。特にアメリカでかつて行動療法が盛況であったのは，プラグマティズムの考え方と関連があるだろう。

3. クライエント中心療法との関係

　クライエント中心療法の基礎理論である自己理論は現象学であるので，認知療法とは考え方が異なる。認知療法は狭義には認知主義であり，行動療法のような機能主義的な考え方ではなく，人が考える意味をとらえ焦点づける方向性をとる。また，広義では論理実証主義，つまり論理的で整合性のあるモデル（理論）に基づいて，治療により得られる変数や効果を数量化したり質的に表現して，治療のプロセスや効果を公共的に汎用していこうという立場をとる。

　認知療法は理論的にクライエント中心療法と異なる一方で，第5章2節で述べたように治療関係を重視する点でクライエント中心療法から大きな影響を受けている。良好な治療関係を構築することはどのような治療法において

も重要であり，心理療法の共通要因としても知られているのは前述したとおりである。受容的態度は，症状に関してクライエントを責めないという認知療法家の態度に一致する（Ledley et al., 2005）し，クライエントを尊重する態度は，セラピストとクライエントが同じ目線で協調して問題の解決に向かうという共同的経験主義に通じる。共感が認知療法において作用することは第5章2節で述べたとおりである。このように，認知療法はクライエント中心療法とは哲学的，理論的には大きく異なるが，治療者の態度については治療の根底をなすべき要因として大きな影響を受け，認知療法の面接過程を促進しているといえるだろう。

4. その他の心理療法との関係

これまで述べた三大療法との関係とは別に，その後に発展した心理療法と認知療法とはどのような関係にあるのだろうか。以下にそれらについて簡単に述べてみたい。

まず交流分析療法との関係はどうだろうか。交流分析療法は精神分析療法の口語版であることから，人格構造の理論（親，大人，子どもの自我状態）が精神分析療法の構造論（超自我，自我，エス）にほぼ対応している。その意味では認知療法でいう認知の構造的理論に通じる。また，交流分析療法では脚本分析として，幼少期（主として7歳頃まで）に親の中の"親の自我状態"から子どもの中の"子どもの自我状態"に受け継いだ拮抗禁止令（たとえば「一生懸命努力せよ」，「強くあれ」といった命令的言い方）を同定し，それを修正することを通して治療しようとする（Stewart & Joines, 1987）。これは認知療法では信念（とりわけ媒介信念）に相当する。近年の交流分析療法では，ゲシュタルト療法からエンプティーチェアー法を技法として取り上げて体験的に変容を促すが，認知療法でも同じように感情的技法としてエンプティーチェアー法に類似した技法を用いて体験的に（そして強力に）介入する。交流分析療法は精神分析療法，行動療法，ヒューマニスティックセラピー，グループ理論，システム理論などの多理論から構成されている。認

知療法の統合的性質を考えると，この2つの治療法が重なりを見せるのも必然的であろう。

　論理情動行動療法は，認知に焦点を当てた心理療法として，ベックの認知療法，行動療法の発展としての認知行動療法に並ぶ治療の一つである。それゆえ認知療法とは最も関係の近い治療法と言えるだろう。論理情動行動療法では非合理的信念を扱うが，多くは「～ねばならぬ」式の厳しい自己非難の言葉となっている。それを論駁（dispute）することにより合理的信念に変容するという教育的（時に説得的）治療のニュアンスが強い。このあたりが，アメリカでは主な心理療法の一つであった論理情動行動療法が日本では文化的になじまなかった大きな理由だろう（ここでは文化論まで述べる余裕はない）。逆説的ではあるが，論理情動行動療法の提唱者のエリスはアメリカ心理学会のヒューマニスティック心理学賞を受賞しており，ベックは最近になってラスカー賞というノーベル賞に近いと言われるアカデミックな賞をもらっている。論理情動行動療法は人間学的，認知療法は科学的ということなのであろう。

　フォーカシング指向心理療法は，クライエント中心療法と理論的，技法的にも哲学的にも類似しているので，認知療法とは同一性は少ないといえる。面白いことに，フォーカシング指向心理療法を提唱したジェンドリンがその著書の中で認知療法に言及しており，フォーカシングはフェルトセンスと認知的側面の対話であり，また新しいことを考える際には感じ取ることが必要であると述べている（Gendlin, 1996）。一般に心理療法の過程において，クライエントの言葉に関心を向け，その内容と感情を理解しながら傾聴していく時に，感情よりももう一つ深いレベルにあるからだの感覚（ロジャーズの用語では感官的内臓的経験）に焦点を当てて，その体験全体を聴くというセラピストの態度によって面接は深まるし，その心理療法は有効となっていく。第5章2節で言及した，認知療法における治療関係や共感の有用性は，セラピストのフォーカシング的態度と感覚レベルでの傾聴により促進されると考えられる。

それでは，現代の心理療法の潮流であるナラティブセラピーやマインドフルネスの概念と認知療法はいかなる関係性をもつのだろうか。すでに述べたように，ナラティブセラピーの源流となっている社会構成主義は，人の経験する事実は客観的に存在するのではなく社会的に構成されると考え，人は能動的に経験していることの意味を構築する存在であると考える。この点で，事実には客観的真実があり，クライエントの認知をそのような合理的な認知に変えさせて社会適応を図るという認知療法の考え方とは真っ向から対立するといえるだろう。認知療法が行動療法の成立以来，客観的，科学的な認識論，方法論として成立，発展してきたのに対して，社会構成主義は主観的，相対的，全体的なそれであり，ポストモダンの思想と言われる所以である。ナラティブセラピーの方法に限定して比較すると，クライエントの現在の生き方（ドミナントストーリー）をいったん外在化し，それを新しい生き方（オルタナティブストーリー）に書き換えていくというやり方は，生き方に絶対的なものはなく真実の思考などというものはないということを除けば，認知の外在化から新しい認知を導いていくという認知療法の方法論と変わるものではない。とりあえずは，合理的な認知を形成して社会に適応していく（つまり認知療法的考え方）というやり方をとる一方で，他方では生きやすさを目指してクライエント独自の生き方を模索していく（つまりナラティブセラピー的考え方）ということも考慮しながら柔軟に心理療法を進めることができれば，より柔軟で有効な援助ができると考えたい。

マインドフルネスは，心の動きに注意を向けそれに気づくことであり，体験の特定の側面に意図的に注意を向け，過去や未来でなく今この瞬間に戻って体験し，心の中に湧き上がってきたものを評価せずに受け止めることである（Kabat-Zinn, 1990）。認知療法との結びつきは強く，マインドフルネス認知療法（Segal et al., 2002）として，特にうつ病の治療に効果をあげている。認知療法がマインドフルネスの方法を取り入れたというよりも，マインドフルネスな心理療法が，うつ病の認知的な枠組みと理解の仕方，あるいは標準的な治療過程を認知療法の側から取り込んだと言えるかもしれない（Crane,

2009)。マインドフルネスは東洋的瞑想に端を発しているが，認知療法のように思考に焦点を当てて合理的に解決を目指すというよりも，問題（思考や感情など）と適切に距離をとり，問題に巻き込まれないようにして現実と自己を受け止めることが治療的作用をもつ。その意味ではフォーカシングのクリアリング・ア・スペースと類似しており，ナラティブセラピーの外在化とも同じ方向性をもっている。ここでも，行動療法や認知療法がもつ合理主義と，社会構成主義のような相対的なポストモダンの考え方という大きな対立があるが，その双方の立場を等分に用いながら治療過程に資することがクライエントにとって大きな利益を生むと言えるのではないだろうか。

　なお，家族療法やブリーフセラピーはシステム論やコミュニケーション論を基礎理論としており，その認識論は合理主義や客観主義，論理実証主義とは異なり，相対的，全体的であり，ポストモダンの心理学の影響が大きく，社会構成主義とも共通する部分も多い。家族療法やブリーフセラピーがそれまでの心理療法とは異なるパラダイムであることが強調されたように，認知療法とも理論的背景は異なるといえる。

5. 認知療法の統合性

　ここまで100年あまりの心理療法の歴史を追いながら，それぞれの治療法の概念の特徴，理論や技法，他の治療法との関係などについて論じてきた。そして認知療法がそれらとどのように関係するかという点や，類似する点と相違する点について考察した。また統合・折衷的心理療法の発展を紹介し，その中で認知療法や認知的要因がどのように扱われるかについて述べた。このような比較検討の中で，認知療法は心理療法の中でどのような位置を占めるのかについて考えたい。

①認知へのアクセスのしやすさ

　心理療法は一般に，認知，感情，感覚，行動のいずれかを扱うことが一般的である。たとえば認知は主に認知療法が，感情は精神分析療法が，感覚は

表3 モードの階層と精神分析,各種心理療法

精神分析	モード	心理療法
対象関係論,対人関係論	Interpersonal	TA,家族療法
	Behavior	行動療法,ブリーフセラピー
自我心理学	Cognition/Imagery	認知療法,イメージ
	Affect	Cl 中心療法,ゲシュタルト療法
自己心理学	Sensation	フォーカシング指向心理療法
欲動心理学	Biological	

フォーカシング指向心理療法が,そして行動は行動療法が扱うと考える。多くの心理療法の学派が存在するのは,人間の心理状態を理解し,それを変容する要因がそれだけ多いからであろう。認知に関しては,認知療法の成立以前は精神分析療法が取り上げてきたと思われる。精神分析療法は基本的には主に情動（感情）を扱う動機づけ理論であるが,情動と同時に認知を取り上げることも多く（Tyson & Tyson, 1990），特に自我心理学は思考や判断の中枢としての自我に焦点を当ててきた。認知療法が自我心理学から影響を受けてきたのはこの意味での必然性がある。本章3節で述べた統合・折衷的心理療法においても,その多くの方法のうちで認知（次いで行動）に焦点を当てていることからも,心理療法において認知が重視されていることがわかる。また,感情や感覚に比べて認知はアクセスしやすいことも関係するだろう。**表3**は,ラザラスの BASIC I. D. の各モードと精神分析療法の各学派,および心理療法の各学派との関係を示したものであるが,行動や認知は人格の比較的浅い層,または意識に上りやすいモードであり,感情や感覚は比較的深い層,意識に上りにくいモードである。表からだと,行動や対人関係が最もアクセスしやすいことが示されるので,行動が最も焦点を当てやすいし,心理療法でも用いられやすいと思われ,これも近年の統合・折衷的心理療法において行動に焦点が当てられることが多い理由だろう。

```
精神分析療法    行動療法      Cl中心療法      家族・ブリーフ
    ↓   [技法]  ↓             ↓              ↓
    ↓     ↓    ↓   [態度]
    ↓     ↓    ↓     ↓
   TA  認知療法(CBT) REBT  フォーカシング    ナラティブ,
         ↓                                  リフレクティブ・
         ↓                                  アプローチ
     マインドフルネス     DBT
```

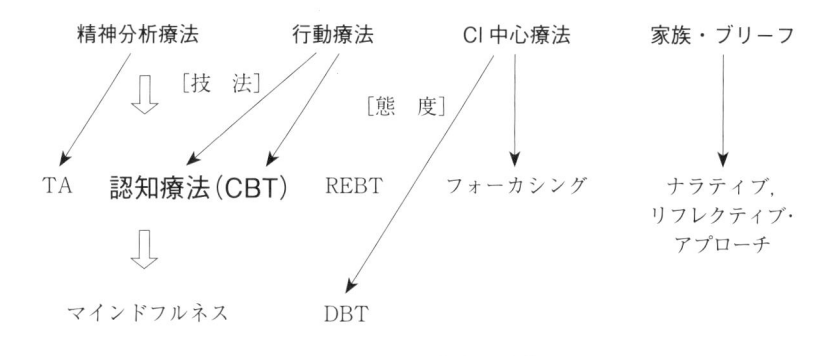

図1　心理療法の系譜

②認知療法における理論・技法・態度の統合性

本章で，認知療法は他の様々な心理療法学派から理論的に影響を受けたり，またまったくパラダイムの異なる理論体系をもつことを示してきた。精神分析療法や交流分析療法とは理論的類似性が見られ，行動療法やクライエント中心療法，フォーカシング指向心理療法とは理論が異なることが示された。一方，行動療法からは理論とは無関係に多くの技法を援用しており，クライエント中心療法とフォーカシング指向心理療法からは，傾聴や受容といったセラピストとしての態度について大きな影響を受けている。認知療法はそれまでの心理療法のそれぞれから理論的影響を受け，有効な技法を取り入れ，セラピストとしての態度という非特異的要因を受け継いで，それらを統合した治療法ということができるだろう。**図1**は，この認知療法の統合性を，心理療法の時間的経緯を踏まえて図式化したものである。

③精神病理，症状との関係

心理療法は学派によって得意とする疾患や病態水準が異なる。疾患別によく使われる治療技法を考えると，たとえば不安障害のうち恐怖症は行動療法が，ヒステリー性の障害（転換性障害など）には催眠療法が，またパーソナリティー障害のような人格傾向の障害には精神分析的心理療法が，それぞれ

表4 認知療法，行動療法，精神分析的心理療法の多要因による比較

	認知療法	行動療法	精神分析的心理療法
治療対象	認知	行動	精神内界の葛藤
治療目標	認知変容	行動変容	意識化，再構成
問題の深さ	中間	顕在的	深層的
時間性	過去〜現在	現在	過去
Thの態度	指示的	指示的	受身的・中立的
精神病理学	認知理論	学習理論	精神分析理論
介入技法	認知変容法	行動変容法	明確化・解釈
治療期間	短〜中期	短〜中期	長期
治療機序	認知の再構成	行動の学習	洞察

よく使われる。一方，統合失調症など重篤な精神病理の場合は精神分析的治療は禁忌とされることが多く，むしろ行動療法などの外顕的な行動レベルの治療（ソーシャルスキルトレーニングやレクリエーション療法も含む）が推奨される。逆に心理療法の側から見てみると，精神分析的心理療法は比較的若年（中年期よりも前）の不安障害からパーソナリティー障害レベル，行動療法は不安障害の他統合失調症や発達障害といった心の内面よりも外顕的な行動を変容する疾患を得意とする。交流分析療法は主として神経症レベル，家族療法は摂食障害や不登校といった思春期〜青年期の心身症や行動障害の治療を得意としてきた。クライエント中心療法は，統合失調症のような重篤な障害には効果が少ないと一般的に考えられている。

認知療法は，神経症，パーソナリティー障害，統合失調症，発達障害などの各種疾患や病態に適応可能であり，疾患の性質や病態水準の深さにより認知的技法，行動的技法，感情的（体験的）技法，信念やスキーマレベルの介入といったように柔軟に方法を変えて対応する。認知療法は，他の治療法が有する様々な水準の病理理論や介入法を備えているからこそどのような種類のクライエントにも応じることができる。ここでも，認知療法の統合的な性質を証することができる。

表4は認知療法，行動療法，精神分析的心理療法の各方法を，治療対象，

治療目標，問題の深さ，時間性，セラピストの態度などの多くの要因から比較，検討したものである。時間性，セラピストの態度，治療期間の要因で，認知療法と行動療法は類似しており，過去の経験と関連する"もののとらえ方"に関しては認知療法と精神分析的心理療法は類似している。治療対象・治療目標・問題の深さの点で認知療法，行動療法，精神分析的心理療法はそれぞれ異なり，3つの治療法はその対象を異にした方法であることがわかる。各方法によって変化させる対象，目標は異なるが，これらの比較が示すように，クライエントの得るものは問題のとらえ方や考え方の変化，すなわち認知の変化であるといえる。このことから，認知療法は行動療法と精神分析的心理療法の治療機序である"認知の変化"に直接焦点を当てる統合的モデルであると言える。

④心理療法以外の諸科学の視点

認知療法は一つの科学的試みである。ということは，その上位概念である哲学的思考の一部であるともいえる。すでに認知療法は合理主義的，論理実証主義的認識論をもつことを述べた。心理学の中では行動主義などと比較して認知主義と呼ばれる考え方であり，その意味では基礎心理学の分野である認知心理学と認識論は同じである。既述のようにベックは認知心理学の臨床的応用として認知療法を開発したわけではなく，臨床実践における経験を元に帰納した方法であり，心理学的に言えばアカデミックな心理学ではなく素朴心理学（第1章の注3を参照）による考えであるといえるかもしれない。

ベックは，認知療法の成立以来の1990年前後の変化の傾向として，他の心理療法理論からの影響というよりも，むしろ認知心理学や社会心理学，進化生物学によるところが多いという（Beck, 1991）。他のアカデミックな心理学からの影響はよいとして，進化生物学からの影響とはどういうことだろうか。

人間は心理学的存在である以前に生物学的存在であるので，心を考える際に生物としての身体を考えるのは当然のことである。心理学成立以前から，

このことは心身問題という認識論上のテーマとして論じられてきたし，近年では心理学の研究の中でも大脳生理学，神経心理学といった生物学や生理学のトピックスが取り上げられていることからも明白である。進化生物学的見地では，動物の中で最も進化した生物である人間は，その長い進化の途中で生存のための様々な工夫を重ねてきたと考える。ものごとを否定的に見たり悲観することは，人間が環境の中で適応するには必要だったかもしれないし，逆に楽観的すぎることは危険が差し迫った時には適応的でないかもしれない（Emery, 1999）。不安感情も危険を避けるためには必要不可欠なものであり，早めに危険を察知しそれに対処しようと準備することが生存の可能性を強めることになる。認知療法では，基本的に認知の不合理性を追究し，証拠をあげながら合理的な考えを導いて適応力を向上させようとするが，自動思考がその時の状況にふさわしく問題がない場合は合理的思考の修正を促すのではなく，その自動思考を認めた上で問題に対処できる行動や態度を作っていくことを援助する。人間が進化し環境に適応してきたこと，その適応様式を最大限に生かし，生存を維持していくことを助ける方法が認知療法なのである。

おわりに

　認知療法が日本に導入されて15年，この短い期間における認知療法の浸透ぶりは目覚ましく，長らく精神分析療法やクライエント中心療法が主流であった我が国の心理療法界も，まもなく認知療法，認知行動療法が主流となるのは確実な情勢になっている。アメリカで長く行動療法が中心であったのが認知行動療法に収斂，発展したことと同じように，日本でも今まで比較的マイナーであった行動療法の業界が認知を取り込んで，認知行動療法として表装を替えて勢力を増したと言えるのだろうか。本書はそのような日本の心理療法界の現況への疑問に，一定の答えを出す試みであった。

　およそ学問や芸術などのどのような部門においても，現在と未来を語るには過去の歴史を振り返らねば何も議論できない。過去と現在と未来はつながっていて，人間が存在しているということは，その時間の流れを表している。つまり，過去を見ないことは存在そのものを否定することになる。我々は自らの主体的な存在なくしては自分ではありえないし，己を虚しくして客体だけを認識の対象としてしまうと，その時点でもう人間（つまり自己）として人間（他者）を見ていないことになる。そのような存在論的な観点から，本書では心理療法の歴史を考えることで，認知療法の現在と未来を説き起こすことを念頭に置いた。

　まずベック（Beck, A. T.）が創始した認知療法と，行動療法の発展としての認知行動療法とを理論的な面から明確に分け，特に前者に重点を置いて，その概念，理論，方法（セッションの構造化など），技法について概要を説明した。その上で，本書の特徴として治療関係と統合という2つのトピックに比較的多くの紙面を割いた。治療関係は，認知療法に限らずすべての心理

療法に共通する非特異的な治療要因である。それゆえ，あらゆる心理療法に通底する治療関係として傾聴，受容，共感などの要因をあげながら，それらが認知療法の中でどのように生かされ，面接の展開や治療の促進に影響を与えているかを論じた。その中でも特に，セラピストの共感性が治療の鍵を握ることを示して，認知療法を実践（そして教育）する際に，共感を意識し，その能力を高める必要性を強調した。

　統合の観点を本書に盛り込んだのは，心理療法の歴史を振り返り現在の認知療法までの流れを考えた時に，絶対的な方法が通用する時代から，相対的，社会的な方法論の時代へ変化してきたこと，つまりポストモダンの認識論に時代が移り変わったことに関係している。認知療法はこの100年あまりの主流の心理療法を，理論的または技法的に取り込み，根底に流れる関係性の要因を理論と技法の土台として名前を替えて主張し（たとえば共同的経験主義），それらを統合した大きな治療法として，現在の位置を確立したといえる。認知療法こそ，現代のグランド・メソッドでないだろうか。その意味で，本書では認知療法と認知行動療法を厳密に区別したけれども，行動療法や行動主義を否定するものではない。精神分析理論にしても然りである。各治療学派の療法は，壮大なメンタルケアの分野のうちの，それぞれの認識論なのである。

　本書で言いたかったのはこういうことである。つまり，効果が実証され，多くのユーザーに信頼され，すべての心理療法家が利用できるマニュアルがあること（エビデンスの観点）。クライエントの過去，現在，未来はもちろん，セラピストも社会も時間の流れの中を生き，それぞれの歴史性をもって，生きる物語を紡いでいることへの理解と敬意（ナラティブの観点）。そして理論や技法や方法論の土台として，またはそれらを包み込むものとしてクライエントとセラピストとの間に醸成されている相互作用を重視すること（リレーションの観点）。これら三者が互いに同じボリュームと価値をもって，認知療法という生の営みの中で機能すること，これがクライエントの人生を豊かにすることにセラピストが貢献できる道なのである。

参考文献

東斉彰 (2007)：心理臨床における統合・折衷とは．杉山崇，前田泰宏，坂本真士編 これからの心理臨床――基礎心理学と統合・折衷的心理療法のコラボレーション．ナカニシヤ出版，京都

Bandura, A. (1977)：*Social Learning Theory*. Prentice Hall, New Jersey. 原野広太郎監訳 (1979)：社会的学習理論――人間理解と教育の基礎．金子書房，東京

Barlow, D. H. & Cerny, J. A. (1990)：*Psychological Treatment of Panic*. Guilford Press, New York. 上里一郎監訳 (1992)：恐慌性障害――その治療の実際．金剛出版，東京

Barrs, B. J. (1986)：*The Cognitive Revolution in Psychology*. Guilford Press, New York

Beck, A. T. (1964)：Thinking and depression：II. theory and therapy. *Achieves of General Psychiatry*, 9, 561-571

Beck, A. T. (1970)：Cognitive therapy：Nature and relation to behavior therapy. *Behavior Therapy*, 1, 184-200

Beck, A. T. (1976)：*Cognitive Therapy and the Emotional Disorders*. International Universities Press, New York. 大野裕訳 (1990)：認知療法――精神療法の新しい発展．岩崎学術出版社，東京

Beck, A. T. (1991)：Cognitive therapy as the integrative therapy. *Journal of Psychotherapy Integration*, 1, 191-198

Beck, A. T., Rush, A. J., Shaw, B. F. & Emery, G. (1979)：*Cognitive Therapy of Depression*. Guilford Press, New York. 坂野雄二監訳 (2007)：うつ病の認知療法［新版］．岩崎学術出版社，東京

Beck, A. T. & Emery, G. (1985)：*Anxiety Disorders and Phobias: A Cognitive Perspective*. Basic Books, New York

Beck, A. T., Epstein, N., Brown, G. & Steer, R. (1988)：An inventory for measuring clinical anxiety：Psychometric properties. *Journal of Consulting and Clinical Psychology*, 56, 893-897

Beck, A. T. & Weishaar, M. E. (1989)：Cognitive therapy. In Freeman, A., Simon, K. M., Beutler, L. E. & Arkowitz, H. (eds.) *Comprehensive Handbook of Cognitive Therapy*. Plenum Press, New York

Beck, A. T., Freeman, A. & Associates (1990): *Cognitive Therapy of Personality Disorders*. Guilford Press, New York. 井上和臣, 友竹正人監訳 (2011): 改訂第2版 パーソナリティ障害の認知療法 [全訳版]. 岩崎学術出版社, 東京

Beck, A. T., Wright, D. & Newman, F. (1992): Cocaine abuse. In Freeman, A. & Dattilio, F. M. (eds.) *Comprehensive Casebook of Cognitive Therapy*. Plenum Press, New York

Beck, A. T., Steer, R. & Brown, G. (1996): *Beck Depressive Inventory*, 2nd edn. The Psychological Corporation, San Antonio

Beck, J. S. (1995): *Cognitive Therapy: Basics and Beyond*. Guilford Publications, New York. 伊藤絵美, 神村栄一, 藤澤大介訳 (2004): 認知療法実践ガイド 基礎から応用まで——ジュディス・ベックの認知療法テキスト. 星和書店, 東京

Bellack, A. S. & Hersen, M. (1985): *Dictionary of Behavior Therapy Techniques*. Pergamon Press, Oxford. 山上敏子監訳 (1987): 行動療法事典. 岩崎学術出版社, 東京

Beutler, L. E. & Consoli, A. (1992): Systematic eclectic psychotherapy. In Norcros, J. C. & Goldfried, M. R. (eds.) *Handbook of Psychotherapy Integration*. Basic Books, New York

Castonguay, L. G., Newman, M. G., Borkovec, T. D., Holtforth, M. G. & Maramba, G. G. (2005): In Norcros, J. C. & Goldfried, M. R. (eds.) *Handbook of Psychotherapy Integration*. Oxford University Press, New York

Cautela, J. R. (1970): Treatment of smoking by covert sensitization. *Psychological Report*, 26, 415-420

Clark, D. M. (1986): The cognitive approach of panic. *Behavior Research and Therapy*, 24, 461-470

Clark, D. M. & Fairburn, Ch. G. (1997): *Science and Practice of Cognitive Behaviour Therapy*. Oxford University Press, London. 伊豫雅臣監訳 (2003): 認知行動療法の科学と実践. 星和書店, 東京

Crane, R. (2009): *Mindfulness-Based Cognitive Therapy: Distinctive Features*. Routledge, London. 大野裕監修, 家接哲次訳 (2010): 30のキーポイントで学ぶ マインドフルネス認知療法入門——理論と実践. 創元社, 大阪

Crits-Cristoph, P., Franc, E., Chambless, D. S., Brody, C. & Carp, J. (1995): Training in empirically validated treatments: What are clinical psychology students learning? *Professional Psychology*, 26, 514-522

Curwen, B., Palmer, S. & Ruddell, P. (2000): *Brief Cognitive Behaviour Therapy*. Sage Publications, London. 下山晴彦監訳 (2004): 認知行動療法入門——短期療法の観点から. 金剛出版, 東京

Diffily, A. (1991): Father and child: Tim Beck and his uncommon common sense. *Penn Medicine*, 4, 20-27

DiGiuseppe, R. (1989): Cognitive therapy with children. In Freeman, A., Simon, K.

M., Beutler, L. E. & Arkowitz, H. (eds.) *Comprehensive Handbook of Cognitive Therapy*. Plenum Press, New York

Dobson, K. (1989): A meta-analysis of the efficacy of the cognitive therapy for depression. *Journal of Consulting and Clinical Psychology*, 57, 414-419

Edgette, J. & Prout, M. (1989): Cognitive and behavioral approaches to the treatment of anorexia nervosa. In Freeman, A., Simon, K. M., Beutler, L. E. & Arkowitz, H. (eds.) *Comprehensive Handbook of Cognitive Therapy*. Plenum Press, New York

Egan, G. (1986): *The Skilled Helper: A Systematic Approach to Effective Helping*. Thomson Brooks/Cole, Australia. 鳴澤實, 飯田栄訳 (1998): 熟練カウンセラーをめざす カウンセリング・テキスト. 創元社, 大阪

Ellis, A. (1989): The history of cognition in psychotherapy. In Freeman, A., Simon, K. M., Beutler, L. E. & Arkowitz, H. (eds.) *Comprehensive Handbook of Cognitive Therapy*. Plenum Press, New York

Ellis, A. (1994): *Reason and Emotion in Psychotherapy: A Comprehensive Method of Treating Human Disturbances*, revised and updated. Carol Publishing Group, Secaucus. 野口京子訳 (1999): 理性感情行動療法. 金子書房, 東京

Emery, G. (1999): *Overcoming Depression: A Cognitive-Behavior Protocol for the Treatment of Depression—Therapist Protocol*. New Harbinger Publications, California. 東斉彰, 前田泰宏監訳 (2010): うつを克服する10のステップ——うつ病の認知行動療法 セラピスト・マニュアル. 金剛出版, 東京

Epston, D. & White, M. (1992): In McNamee, Sh. & Gergen, K. J. (eds.) *Therapy as Social Construction*. Sage Publications, London. 野口裕二, 野村直樹訳 (1997): 書きかえ療法——人生というストーリーの再著述. ナラティヴ・セラピー——社会構成主義の実践. 金剛出版, 東京

Erikson, E. H. (1959): *Psychological Issues: Identity and the Life Cycle*. International Universities Press, New York. 小此木啓吾訳 (1973): 自我同一性——アイデンティティとライフ・サイクル. 誠信書房, 東京

Fowler, D., Garety, Ph. & Kuipers, E. (1995): *Cognitive Behaviour Therapy for Psychosis: Theory and Practice*. John Wiley & Sons, Chichester. 石垣琢麿, 丹野義彦監訳 (2011): 統合失調症を理解し支援するための認知行動療法. 金剛出版, 東京

Frances, A., Clarkin, J. & Perry, S. (1984): *Differential Therapeutics in Psychiatry: The Art and Science of Treatment*. Brunner/Mazel, New York. 高石昇監訳 (1989): 精神科鑑別治療学——理論と実際. 星和書店, 東京

Freeman, A. (1983): *Cognitive Therapy with Couples and Groups*. Plenum Press, New York

Freeman, A. (遊佐安一郎監訳) (1989): 認知療法入門. 星和書店, 東京

Freeman, A., Simon, K. M., Beutler, L. E. & Arkowitz, H. (1989): *Comprehensive Handbook of Cognitive Therapy*. Plenum Press, New York

Freeman, A., Pretzer, J., Fleming, B. & Simon, K. M.（1990）：*Clinical Applications of Cognitive Therapy*. Plenum Press, New York. 高橋祥友訳（1993）：認知療法臨床ハンドブック．金剛出版，東京

Freud, S.（1916/17）：Introductory lectures on psychoanalysis. In *Standard Edition*, 15 & 16. Hogarth Press, London. 井村恒郎，馬場謙一訳(1969/70)：精神分析入門（上）（下）．日本教文社，東京

Gardner, H. E.（1985）：*The Mind's New Science: A History of the Cognitive Revolution*. Basic Books, New York. 佐伯胖，海保博之監訳（1987）：認知革命――知の科学の誕生と展開．産業図書，東京

Garfield, S. L.（1980）：*Psychotherapy: An Eclectic Approach*. John Wiley & Sons, New York. 高橋雅春，高橋依子訳（1985）：心理療法――統合的アプローチ．ナカニシヤ出版，京都

Gaus, V. L.（2007）：*Cognitive-Behavioral Therapy for Adult Asperger Syndrome*. Guilford Press, New York

Gendlin, E. T.（1996）：*Focusing-Oriented Psychotherapy: A Manual of the Experiential Method*. Guilford Press, New York. 村瀬孝雄,池見陽,日笠摩子監訳(1998/99)：フォーカシング指向心理療法（上）（下）．金剛出版，東京

Goulding, R. & Goulding, M.（1979）：*Changing Lives through Redecision Therapy*. Brunner/Mazel, New York. 深沢道子訳（1980）：自己実現への再決断―― TA・ゲシュタルト療法入門．星和書店，東京

箱田裕司，都築誉史，川畑秀明，萩原滋（2010）：認知心理学．有斐閣，東京

Hartmann, H.（1958）：*Ego Psychology and the Problem of Adaptation*. International Universities Press, New York. 霜田静志，篠崎忠男訳（1967）：自我の適応――自我心理学と適応の問題．誠信書房，東京

市川伸一，伊東裕司（1996）：認知心理学を知る［第3版］．ブレーン出版，東京

池見陽（1984）：体験過程療法の理論．村山正治他著 フォーカシングの理論と実際．福村出版，東京

Ivey, A. E.（1985）：*Microcounseling: Innovations in Interviewing, Counseling, Psychotherapy, and Psychoeducation*. Charles C Thomas Publisher, Springfield. 福原真知子他訳編（1985）：マイクロカウンセリング――"学ぶ‐使う‐教える"技法の統合：その理論と実際．川島書店，東京

Kabat-Zinn, J.（1990）：*Full Catastrophe Living: Using the Wisdom of Your Body and Mind to Face Stress, Pain, and Illness*. Delacorte, New York. 春木豊訳(2007)：マインドフルネスストレス低減法．北大路書房，京都

Kingdon, D. G. & Turkington, D.（1994）：*Cognitive-Behavioral Therapy of Schizophrenia*. Guilford Press, New York. 原田誠一訳（2002）：統合失調症の認知行動療法．日本評論社，東京

衣笠隆幸（1992）：「共感」――理解の基礎になるものと理解を妨げるもの．精神分析研究 35, 479-489

Kohut, H. (1977)：*The Restoration of the Self.* International Universities Press, New York. 本城秀次, 笠原嘉監訳（1995）：自己の修復. みすず書房, 東京

Kroger, W. & Fezler, W. (2002)：Relaxation imagery of hypnotic behavior therapy. In Sheikh, A. A. (ed.) *Handbook of Therapeutic Imagery Techniques.* Baywood Publishing Company, Amityville. 田中新正訳（2003）：催眠行動療法のリラックス・イメージ. 成瀬悟策監訳 イメージ療法ハンドブック. 誠信書房, 東京

Lambert, M. J. (1992)：Implications of outcome research for psychotherapy integration. In Norcros, J. C. & Goldfried, M. R. (eds.) *Handbook of Psychotherapy Integration.* Basic Books, New York

Lazarus, A. A. (1977)：*In the Mind's Eye: The Power of Imagery for Personal Enrichment.* Guilford Press, New York

Leahy, R. L. (2003)：*Cognitive Therapy Techniques: A Practitioner's Guide.* Guilford Publications, New York. 伊藤絵美, 佐藤美奈子訳（2006）：認知療法 全技法ガイド——対話とツールによる臨床実践のために. 星和書店, 東京

Ledley, D. R., Marx, B. P. & Heimberg, R. G. (2005)：*Making Cognitive-Behavioral Therapy Work: Clinical Process for New Practitioners.* Guilford Press, New York. 井上和臣監訳（2007）：認知行動療法を始める人のために. 星和書店, 東京

Luoma, J. B., Hayes, S. C. & Walser, R. D. (2007)：*Learning ACT: An Acceptance & Commitment Therapy Skills-Training Manual for Therapists.* New Harbinger Publication, California. 熊野宏昭, 高橋史, 武藤崇監訳（2009）：ACTを学まなぶ——セラピストのための機能的な臨床スキル・トレーニング・マニュアル. 星和書店, 東京

Mearns, D. & Thorne, B. (1988)：*Person-Centred Counselling in Action.* Sage Publications, London. 伊藤義美訳（2000）：パーソンセンタード・カウンセリング. ナカニシヤ出版, 京都

Messer, S. B. (1992)：A critical examination of belief structures in integrative and eclectic psychotherapy. In Norcros, J. C. & Goldfried, M. R. (eds.) *Handbook of Psychotherapy Integration.* Basic Books, New York

Miller, G. (1956)：The magical number seven, plus or minus two: Some limits on our capacity for processing information. *Psychological Review,* 63, 81-97

成田善弘, 氏原寛編（1999）：共感と解釈——続・臨床の現場から. 人文書院, 京都

Neenan, M. & Dryden, W. (2004)：*Cognitive Therapy: 100 Key Points & Techniques.* Routledge, New York. 石垣琢麿, 丹野義彦監訳（2010）：認知行動療法100のポイント. 金剛出版, 東京

Neisser, U. (1967)：*Cognitive Psychology.* Appleton-Century-Croft, New York. 大羽秦訳（1981）：認知心理学. 誠信書房, 東京

Niemeyer, R. A. (1995)：The evaluation of constructive psychotherapy. In Mahoney, M. (eds.) *Cognitive and Constructive Psychotherapies: Theory, Research, and Practice.* Springer Publishing Company, New York. 根建金男, 菅村玄二, 勝倉え

りこ監訳（2008）：認知行動療法と構成主義心理療法——理論・研究そして実践．金剛出版，東京

大野裕（2008）：認知療法の技法と実践——精神療法の接点を探って．金剛出版，東京

Padesky, Ch. A. & Greenberger, D.（1995）: *Clinician's Guide to Mind over Mood*. Guilford Press, New York. 大野裕監訳（2002）：うつと不安の認知療法練習帳ガイドブック．創元社，大阪

Pearls, F. S.（1973）: *The Gestalt Approach & Eye Witness to Therapy*. Science and Behavior Books, California. 倉戸ヨシヤ監訳（1990）：ゲシュタルト療法——その理論と実際．ナカニシヤ出版，京都

Perris, C.（1989）: Cognitive therapy of adult depressive patient. In Freeman, A., Simon, K. M., Beutler, L. E. & Arkowitz, H.（eds.）*Comprehensive Handbook of Cognitive Therapy*. Plenum Press, New York

Persons, J. B.（1989）: *Cognitive Therapy in Practice: A Case Formulation Approach*. W. W. Norton & Company, New York. 大野裕監訳（1993）：実践的認知療法——事例定式化アプローチ．金剛出版，東京

Prochaska, J. & DiClemente, C.（1992）: The transtheoretical approach. In Norcros, J. C. & Goldfried, M. R.（eds.）*Handbook of Psychotherapy Integration*. Basic Books, New York

Rackman, S.（1996）: In Salkovskis, P. M.（ed.）*Trends in Cognitive and Behavioural Therapies*. John Wiley & Sons, New York. 坂野雄二，岩本隆茂監訳（1998）：認知療法と行動療法の動向．認知行動療法——臨床と研究の発展．金子書房，東京

Rackman, S.（1997）: In Clark, D. M. & Fairburn, Ch. G.（eds.）*Science and Practice of Cognitive Behaviour Therapy*. Oxford University Press, Oxford. 伊豫雅臣監訳（2003）：認知行動療法の進歩．認知行動療法の科学と実践．星和書店，東京

Rackman, S. & de Silva, P.（1978）: Abnormal and normal obsessions. *Behavior Research and Therapy,* 16, 233-248

Rogers, C. R.（1951）: *Client-Centered Therapy: Its Practice, Implication and Therapy*. Houghton Mifflin, Boston. 友田不二男編訳（1966）：ロージァズ全集3　サイコセラピィ．岩崎学術出版社，東京

Rogers, C. R.（1957）: The necessary and sufficient conditions of therapeutic personality change. *Journal of Consulting Psychology,* 21, 95-103. 伊藤博編訳（1966）：パースナリティ変化の必要にして十分な条件．ロージァズ全集4　サイコセラピィの過程．岩崎学術出版社，東京

Salkovskis, P. M.（1985）: Obsessional-compulsive problems: A cognitive-behavioral analysis. *Behavior Research and Therapy,* 23, 571-583

佐々木雄二（1976）：自律訓練法の実際——心身の健康のために．創元社，大阪

Segal, Z. V., Williams, J. M. & Teasdale, J. D.（2002）: *Mindfulness-Based Cognitive Therapy for Depression: A New Approach to Preventing Relapse*. Guilford Press,

New York. 越川房子監訳（2007）：マインドフルネス認知療法――うつを予防する新しいアプローチ．北大路書房，京都

Skinner, B. F.（1953）：*Science and Human Behavior*. Macmillan, New York. 河合伊六他訳（2003）：科学と人間行動．二瓶社，大阪

Stewart, I. & Joines, V.（1987）：*TA Today: A New Introduction to Transactional Analysis*. Lifespace Publishing, Nottingham and Chapel Hill. 深沢道子監訳（1991）：TA TODAY ――最新・交流分析入門．実務教育出版，東京

Stricker, G. & Gold, J.（2005）：Assimilative psychodynamic psychotherapy. In Norcros, J. C. & Goldfried, M. R.（eds.）*Handbook of Psychotherapy Integration*. Oxford University Press, New York

杉田峰康（2000）：新しい交流分析の実際―― TA ゲシュタルト療法の試み．創元社，大阪

Sullivan, H. S.（1954）：*The Psychiatric Interview*. W. W. Norton & Company, New York. 中井久夫他訳（1986）：精神医学的面接．みすず書房，東京

Teasdale, J. D.（1993）：Emotion and two kind of meaning. *Behavior Research and Therapy*, 31, 339-354

Thwaites, R. & Benett-Levy, J.（2007）：Conceptualizing empathy in cognitive behavior therapy: Making the implicit explicit. *Behavioral and Cognitive Psychotherapy*, 35, 591-612

Tolman, E. Ch.（1932）：*Purposive Behavior in Animals and Men*. Century, New York. 富田達彦訳（1977）：新行動主義心理学――動物と人間における目的的行動．清水弘文堂，東京

Tyson, Ph. & Tyson, R. L.（1990）：*Psychoanalytic Theories of Development: An Integration*. Yale University Press, London. 馬場禮子監訳（2005）：精神分析的発達論の統合①．岩崎学術出版社，東京

氏原寛（1995）：カウンセリングはなぜ効くのか――心理臨床の専門性と独自性．創元社，大阪

Wachtel, P. L.（1997）：*Psychoanalysis, Behavior Therapy, and the Relational World*. American Psychological Association, Washington D.C. 杉原保史訳（2002）：心理療法の統合を求めて――精神分析・行動療法・家族療法．金剛出版，東京

Watson, J.（1913）：Psychology as the behaviorist views it. *Psychological Review*, 20, 158-177

Weishaar, M. E.（1993）：*Aaron T. Beck*. Sage Publications, London. 大野裕監訳（2009）：アーロン・T・ベック――認知療法の成立と展開．創元社，大阪

Winnicott, D. W.（1965）：*The Maturational Processes and the Facilitating Environment*. Hogarth Press, London. 牛島定信訳（1977）：情緒発達の精神分析理論．岩崎学術出版社，東京

Wolpe, J.（1958）：*Psychotherapy by Reciprocal Inhibition*. Stanford University Press, Stanford

Young, J. E.（1990）：*Cognitive Therapy for Personality Disorders: A Schema-Focused Approach.* Sarasota, Florida. 福井至，貝谷久宣，不安・抑うつ臨床研究会監訳（2009）：パーソナリティ障害の認知療法――スキーマ・フォーカスト・アプローチ．金剛出版，東京

Young, J. E., Klosko, J. S. & Weishaar, M. E.（2003）：*Schema Therapy: A Practitioner's Guide.* Guilford Press, New York. 伊藤絵美監訳（2008）：スキーマ療法――パーソナリティの問題に対する統合的認知行動療法アプローチ．金剛出版，東京

付　録　認知療法の学び方

　本書では認知療法の理論と方法について説明してきた。一般的な臨床実践の方法について紹介することに加えて，治療関係の重要性を詳しく論じ，統合的な治療法としてとらえ直すことによって，認知療法が優れて現代的で有効な治療法であることを示した。この付録では，認知療法を学ぶにはどのような手段を選べばいいか，その方法を紹介し，読者の学習に役立つことを目的としたい。

1．書籍から学ぶ

　最近の日本人は本を読まなくなったと言われる。大学院生を指導していると，確かにその傾向を感じる。コンピュータや携帯電話が普及し，インターネットやIT機器を通しての情報が激増し，現代人（特に臨床心理学を目指す若い学生）は一方的に送られてくる圧倒的情報量に時間とエネルギーを吸い取られ，自ら選んだ書物を能動的に読みこなすという余裕がなくなった。この頃ではインターネット上に表示される学術的情報をまとめ読みしてそれで満足してしまうことも多いだろう。

　書物から得るものは多い。ただ文章を読んで理解するだけでなく，1冊の本を一つの集合体とし，丸ごと1冊理解し消化するつもりで読む。読んでいる途中で疑問をもったらすでに読んだ個所をもう一度確認することで，さらに深い理解ができる。何より美しく装丁された本は一種の美術工芸品であるから，所有する喜びとともに大事に扱おうとする気持ちが生まれる。本という物を大事にするということは，書いてある内容を大事にするということなのだ。

　では，認知療法を学ぶ時に日本語で読める有益な本を，目的別に分けて紹介していこう。重要文献には若干の解説を付けている。

［基 本 書］

『うつ病の認知療法［新版］』A. T. ベック他著，坂野雄二監訳，岩崎学術出版社，2007年
　＊ベックが初めて体系的に認知療法を解説したものである。認知療法を学ぶすべて

の臨床家，研究者必読の書。

『認知療法入門』A. フリーマン著，遊佐安一郎監訳，星和書店，1989 年
　＊世界各国で講演をし認知療法の伝道師と言われるフリーマンが初めて来日し，東京と大阪でワークショップを行った際に緊急出版した翻訳書。日本に認知療法がやってきた記念碑的著作である上に，平易な文章で読みやすい。

『認知療法実践ガイド　基礎から応用まで──ジュディス・ベックの認知療法テキスト』J. ベック著，伊藤絵美・神村栄一・藤澤大介訳，星和書店，2004 年
　＊世界で最もよく使用されるテキストと言われ，理論，技法，実践のすべてがわかる良書。必読である。

『認知療法──精神療法の新しい発展』A. T. ベック著，大野裕訳，岩崎学術出版社，1990 年
『認知療法臨床ハンドブック』A. フリーマン他著，高橋祥友訳，金剛出版，1993 年
『改訂第 2 版 パーソナリティ障害の認知療法［全訳版］』A. ベック他著，井上和臣・友竹正人監訳，岩崎学術出版社，2011 年
『認知行動療法を始める人のために』D. R. レドリー他著，井上和臣監訳，黒澤麻美訳，星和書店，2007 年
『「うつ」を生かす──うつ病の認知療法』大野裕著，星和書店，1990 年
『認知療法ハンドブック（上）（下）』大野裕・小谷津孝明編，星和書店，1996 年
『認知療法ケースブック』井上和臣編，星和書店，2003 年
『認知療法への招待（改訂 第 4 版）』井上和臣著，金芳堂，2006 年

［上級書，理論書］
『認知行動療法』坂野雄二著，日本評論社，1995 年
　＊行動療法系の，認知行動療法の理論書，実践書。著者は行動療法界の第一人者で，アカデミックかつ実践的な良書である。

『エビデンス臨床心理学──認知行動理論の最前線』丹野義彦著，日本評論社，2001 年
　＊基礎研究と臨床をつなぐモデル的な本。実践家にこそ読んでほしい本である。

『スキーマ療法――パーソナリティの問題に対する統合的認知行動療法アプローチ』J. E. ヤング他著，伊藤絵美監訳，星和書店，2008 年
　＊スキーマ療法を創始したヤングの主著。認知療法の発展版だが，その実践内容は驚異的に深くて広い。

『認知行動療法――臨床と研究の発展』P. M. サルコフスキス編，坂野雄二・岩本隆茂監訳，金子書房，1998 年
『認知行動療法の科学と実践』D. M. クラーク・Ch. G. フェアバーン編，伊豫雅臣監訳，星和書店，2003 年
『認知療法実践ガイド：困難事例編――続ジュディス・ベックの認知療法テキスト』J. ベック著，伊藤絵美・佐藤美奈子訳，星和書店，2007 年
『認知療法全技法ガイド――対話とツールによる臨床実践のために』R. L. リーヒイ著，伊藤絵美・佐藤美奈子訳，星和書店
『パーソナリティ障害の認知療法――ケースから学ぶ臨床の実際』井上和臣編著，東斉彰他著，岩崎学術出版社，2011 年

［関連書］
『認知行動療法――理論から実践的活用まで』下山晴彦編，金剛出版，2007 年
　＊主として行動療法系の臨床家が書いたもの。現在の日本での認知行動療法を知るには最適である。

『認知行動療法入門――短期療法の観点から』B. カーウェン他著，下山晴彦監訳，金剛出版，2004 年
『ストレス免疫訓練――認知的行動療法の手引き』D. マイケンバウム著，上里一郎監訳，根建金男・田中共子・大河内浩人訳，岩崎学術出版社，1989 年
『認知行動療法――心理療法の新しい展開』D. マイケンバウム著，根建金男訳，同朋舎出版，1992 年
『理性感情行動療法』A. エリス著，野口京子訳，金子書房，1999 年
『ストレスの心理学――認知的評価と対処の研究』R. S. ラザルス・S. フォルクマン著，本明寛・春木豊・織田正美監訳，実務教育出版，1991 年
『行動療法の展開　マルチモード・アプローチ』A. A. ラザラス著，高石昇監訳，東斉彰・大塚美和子・川島恵美訳，二瓶社，1999 年
『認知行動療法 100 のポイント』M. ニーナン・W. ドライデン著，石垣琢麿・丹野義

彦監訳，東京駒場 CBT 研究会訳，金剛出版，2010 年

[ユーザー向けマニュアル，実践書]

『いやな気分よさようなら――自分で学ぶ「抑うつ」克服法』D. D. バーンズ著，野村総一郎訳，夏苅郁子他訳，星和書店，2004 年
  ＊アメリカでかなりの売れ行きを示した認知療法のセルフヘルプ本。

『こころが晴れるノート――うつと不安の認知療法自習帳』大野裕著，創元社，2003 年
  ＊日本認知療法学会の理事長である著者が，ユーザーのために書いたマニュアル。非常に平易な文章で書かれてあり，ユーザーの人気も高い。

『うつと不安の認知療法練習帳』D. グリーンバーガー・Ch. A. パデスキー著，大野裕監訳，岩坂彰訳，創元社，2001 年
『食べたい！　でもやせたい――過食症の認知行動療法』L. ワイス他著，末松弘行監訳，熊野宏昭・川原健資訳，星和書店，1991 年
『うつを克服する 10 のステップ――うつ病の認知行動療法　セラピスト・マニュアル』G. エメリィ著，東斉彰・前田泰宏監訳，吉岡千波他訳，金剛出版，2010 年
『うつを克服する 10 のステップ――うつ病の認知行動療法　ユーザー・マニュアル』G. エメリィ著，前田泰宏・東斉彰監訳，鍵本伸明他訳，金剛出版，2010 年

2．スーパービジョンから学ぶ

　認知療法は理論と技法が確立されており，アセスメントや介入法についてもケースフォーミュレーションというかたちである程度マニュアル化されているので，自学自習でもある程度学べ，実践できる面がある。しかし，認知モデルに基づいて面接を進めることができているか，整合性のあるアセスメントが確立されているか，適切なタイミングで技法介入ができているか，そして治療関係を順調に保てているかについてはセラピスト単独ではなかなかわからないものである。認知療法の実践経験が豊富なセラピストに，一対一でじっくりケースを精査し，的確な指導を受けることは欠かせない。日本では認知療法が導入され発展してから日が浅いこともあり，十分な経験を積んだ認知療法家がまだまだ少なく，スーパーバイザーを確保することが困難な状況にある。初学者が必要に応じてスーパービジョンを受けられるようなシステムを作ることが急務である。

3. 研修会への参加

　発展の目覚ましい認知療法は，日本への導入以来，全国各地で研修会が開かれ始めている。体系だったシステムと流れをもつ研修会に参加することによって，基本をしっかり学び実践力をつけることが必要である。以下に，主な研修会をあげておく。

〈日本認知療法学会・認知療法研修会〉
　　〒772-8502
　　徳島県鳴門市鳴門町高島字中島748　鳴門教育大学　井上和臣研究室内
　　http://jact.umin.jp/

2001年度に発足した，日本唯一の認知療法の学会である。年次大会の開催，学術雑誌（『認知療法研究』）の発行，ニュースレターの発行などを行っている。年次大会の前後に行われる認知療法研修会は，わが国を代表する認知療法の実践家，研究者が，3時間ないし6時間の研修を受け持ち，スタンダードな認知療法から最新のトピックまでを網羅する，日本最大の認知療法の研修会となっている。

〈東京認知行動療法アカデミー（東京）〉
　　〒102-0084
　　東京都千代田区二番町11-1　朝日サテライト306
　　http://www.tokyocbt.com

上記の日本認知療法学会の主要メンバーから構成され，年4～5回の頻度でワークショップ，研修を積極的に行っている。最先端の認知療法，認知行動療法の講義，実習だけでなく，精神分析や行動療法の研修も行われ，認知療法をはじめ幅広く心理療法を学ぶことができる。

〈洗足ストレスコーピング・サポートオフィス（東京）〉
　　〒145-0062
　　東京都大田区北千束2-25-19　トーシンコーポ北千束103
　　http://www.stress-coping.com/

伊藤絵美氏が運営する，認知療法，認知行動療法の実施，および専門家の研修を行っ

ている機関。少人数制のワークショップ形式により，密度の濃い研鑽が積めることに定評がある。伊藤氏およびスタッフによる著書やDVDも多数市販されている。

〈関西認知療法研究会・認知療法セミナー（大阪）〉
　〒530-0005
　大阪府大阪市北区中之島5-3-20　㈶住友病院臨床心理科内
　sato-riko@ab.auone-net.jp

著者らが運営する，近畿地区に拠点を置く研究会であり，主に研修会を開催している。概念の講義と，アセスメント，介入法，事例検討などを体験的に学習できるメニューを組んでいる。受講者は，臨床心理士や精神科医をはじめ，産業カウンセラー，民間の研修を受けたカウンセラー，看護師，教師，ボランティア従事者など多岐にわたる。

あとがき

　大会長を務める第11回日本認知療法学会の開催（2011年9月）まで，あと1カ月となった。それまでに本書の出版が間に合いそうで，ほっと胸を撫で下ろしている。あとは無事大会が行われ，盛会のうちに終わるのを待つばかりである。

　認知療法は，日本に導入されてからまだ15年ほどの若い心理療法である。それが瞬く間に業界を席巻し，まず本家アメリカの文献の翻訳，次いでイギリスの文献の翻訳も始まり，少し遅れて日本人による概論書や実践書も多く出版されてきた。そして何よりも，認知療法や認知行動療法の長所は，エビデンス・ベースドであることが喧伝された。つまり，整合性ある概念，理論を基礎として，一定の手順を踏んで実践することで効果が確かめられること，またそれが実証されていること，そして訓練を積んだセラピストであれば，誰が実施しても効果を得られるということである。もちろんそのことは，心のケアの専門家として国民の精神健康と福祉に貢献するという意味において必要なことである。科学的根拠のないあやふやな概念や，効果のない療法に拘泥しているようではいけない。しかしその一方で，こころをもつ人間として，データに表れない内容もあることは否定できない。それは，人間が生きる上での意味であったり，人生のストーリー（またはナラティブ），あるいはクライエントとセラピストの関係性といったものである（もっとも，今流行りの質的研究によってそれらの要因を抽出することも不可能ではないが，その論議はここでは置いておく）。また，実証科学というものが絶対的であるわけではなく，哲学的には認識論や存在論の中の一つの考え方にすぎない。およそ人間というものは多種多様な考え方をする生き物であり，それゆえに

一つの認識論でははかりきれない存在であるのだ。本書ではそのような人間存在の在りかたを考えて，総合的，統合的な観点から，心理療法としての認知療法を説き起こすことが目的であった。

　著者は医療機関を中心に25年ほど心理療法を行ってきた実践家である。おそらく1,000人〜2,000人は下らないクライエントと相対してきた経緯から，勢いこの手の著書は現場から生まれる経験的な見解が占めることになる可能性が高い。それも大事なことであろうが，先験的に思考し，人間について考えるというヒトという種に特有のあり方も大事にしたいし，それには「認知」療法がうってつけである。とかく感情や感覚，または行動を対象とする心理療法において，思考を対象とする認知療法は，本書を著すにおいてまことに好都合であったと言えるかもしれない。

　かように，臨床現場から生まれたのだが，先験的な思考も駆使しながら総合的に本書を著そうとした著者の意図と，その態度や思考の癖といったものをどれほどの読者が感じとってくれるかはまことに心もとない。賛意も得られるかもしれないが，批判も多くなることは想定内である。認知療法の実践者だけでなく，多くの心理臨床家や精神医学者，そしてあらゆる対人援助の専門家にもそれぞれの考え方があり，価値観も相違するだろう。絶対的な理論も技法も，ましてや絶対的な人間理解のための解答があるわけではないので，これからも様々な議論や論争があってよい。ただ一つだけ我々が共通してもつべきものは，人生に苦しみ，より良く生きようとしてもがくクライエントの方々への援助という一点である。できるだけ苦痛を除去し，自分という存在を受け入れ，少しでも前向きに人生を送る意図と方向性をもつよう援助すること，それが我々専門家のモラルであり責務であろう。

　このような意図をもって書かれた本書が，これから認知療法を学ぼうとする学生や，日々実践に勤しむ初心〜中堅の臨床家，長く臨床に携わり包括的に心理療法を見渡しているベテランの臨床家など，様々な実践家や研究者の目に触れ，何らかのヒントを感じ取っていただければ幸いこの上ない。

　本書は，多くの人々の援助の元に執筆された。まず何よりも，著者の認知

療法の師である井上和臣先生（鳴門教育大学教授，日本認知療法学会事務局長）にお礼を申し上げたい。井上先生とは，アーサー・フリーマン氏がはじめて日本での認知療法のワークショップを開いた時にお会いして以来，研究会や学会を通して認知療法の真髄をお教えいただいた。また，本書にも身に余る序文をいただいた。井上先生との出会いがなければ，今の認知療法家としての自分はない。衷心より感謝申し上げたい。大野裕先生（国立精神神経医療研究センター・認知行動療法センター長，日本認知療法学会理事長）には，日本認知療法学会の前身である日本認知療法研究会にて著者が活動を始めた当初から，折に触れて励ましや労い，ご指導をいただいた。大野先生の温かい眼差しの元で著者は育てられた実感がある。本書で統合的な視点から認知療法を論じたことにも大きな示唆を与えられている。心より感謝申し上げたい。また，わが国での認知療法の草創期から，臨床および研究の仲間，あるいは友人としてともに苦労を重ねてきた伊藤絵美先生（洗足ストレスコーピング・サポートオフィス）にもお礼を申し上げたい。言うまでもなく伊藤先生は，今やわが国の認知療法界を代表する臨床家であり，本書の各所にも先生の貴重な見解が影響を与えてくれている。第11回日本認知療法学会の大会長拝命にあたり，準備運営委員として多大なご協力をいただいた鍵本伸明（準備運営委員長），巣黒慎太郎（事務局長），加藤敬，佐藤理子，本岡寛子，佐々木淳の各委員の先生方に感謝申し上げたい。非力な大会長の元でこの大きな大会を開くことができるのは，これらの方々の有能かつ献身的なご努力の賜である。

　また，認知療法家ではないが，著者の臨床家としての姿勢に大きな影響を与えてくださった，元住友病院臨床心理科主任（現奈良大学教授）の前田泰宏先生に感謝したい。前田先生には心理療法の技術だけでなく，臨床家としてのモラルを学ばせていただき，現在の実践の基盤を作っていただいた。

　最後に家族について一言謝辞を述べさせていただく勝手をお許し願いたい。妻千冬は，同じ心理臨床家として時に的確なアドバイスを，時に共感的理解を，時に叱咤激励をして著者の臨床家としての成長に貢献してくれた。

また多数の業務に学会活動に執筆にと走り回る著者を，内助の巧よろしく支えてくれた。長年の苦労への労いとともに感謝を申し述べたい。2人の子ども達には，親であることの喜びを日々与えてくれていることに感謝したい。そして，このような本を書けるような体力とそれなりの知力をもつ体に産み育ててくれた両親に感謝したい。

　最後に，非常に短い時間に本書を書き上げ出版したいという著者のわがままを受け入れていただき，迅速な作業とともに気遣い溢れる対応をしていただいた岩崎学術出版社の布施谷友美氏に，心からの謝意を表したい。

　2011年8月　騒々しい夏から，静かな秋への，一瞬のはざまの季節に

東　　斉彰

人名索引

あ行
イーガン（Egan, G.）　85
ウィークランド（Weakland, J. H.）　123
ウィニコット（Winnicott, D. W.）　95
ウォルピ（Wolpe, J.）　119, 120, 130
エリス（Ellis, A.）　121, 138

か行
ガーフィールド（Garfield, S. L.）　132
キム・バーグ（Kim Berg, I.）　124
コフート（Kohut, H.）　92
コンソーリ（Consoli, A.）　130

さ行
ジュディス・ベック（Beck, J. S.）　8, 28, 87
スウェイツ（Thwaites, R.）　88, 89, 91, 95
スキナー（Skinner, B. F.）　2, 119

た行
ドゥ・シェイザー（De Shazer, S.）　124

な行
成田善弘　92

は行
バンデューラ（Bandura, A.）　3, 4, 132
ビュートラー（Beutler, L. E）　129, 130
フリーマン（Freeman, A.）　v, 87
フロイト（Freud, S.）　v, vi, 1, 3, 17, 18, 117, 118, 120, 133, 134
プロチャスカ（Prochaska, J. O.）　128
ヘイリー（Haley, J.）　123
ベック（Beck, A. T.）　v, vi, 3, 4, 6, 10, 11, 15 ～ 18, 55, 87, 99, 118, 126, 133, 135, 136, 138, 144, 147
ベネット－レビィ（Benett-Levy, J.）　88

ま行
マダネス（Madanes, C.）　123
ミニューチン（Minuchin, S.）　123
ミルトン・エリクソン（Erickson, M.）　123, 124

や行
ヤング（Young, J. E.）　10, 11, 15, 57, 74

ら行
ラザラス（Lazarus, A. A.）　119, 129 ～ 131, 141
ラックマン（Rackman, S.）　17
リーヒー（Leahy, R. L.）　8
レドリー（Ledley, D.）　88
ロジャーズ（Rogers, C. R.）　v, vi, 2, 76, 78, 81, 88, 91, 119, 120, 122, 133, 138

わ行
ワクテル（Wachtel, P. L.）　127
ワツラウィック（Watzlawick, P.）　123

事項索引

あ行

アジェンダ　vii, 30, 31
安全イメージ　69
イメージ対話技法　68, 69, 71
うつ病　vii, 3, 6, 9, 17, 87, 99, 100, 133, 139
埋め合わせ戦略　7, 8, 47, 48
エクスポージャー（法）　6, 14, 19, 64, 105, 114, 120, 130, 136
エンプティーチェアー（法）　74, 130, 137
応用行動分析　2, 19, 119
オペラント条件づけ　2, 4, 19
オルタナティブストーリー　126, 139

か行

外在化　139, 140
学習理論　v, vi, 15, 18, 61, 64, 119, 130, 136, 143
家族療法　v, 122～126, 128, 134, 140～143
仮定型信念　9, 42, 43, 44
考え方のクセ　9, 10, 41, 56, 100, 101, 104, 107, 108
感情へのアクセス法　65
拮抗禁止令　137
機能主義　1, 136
技法折衷（の）アプローチ　127, 129, 131
義務型信念　9, 42
逆転移　135
脚本分析　137

境界性パーソナリティー障害　6, 23, 57, 58, 109, 113
共感　2, 33, 39, 65, 75, 76, 78～81, 84, 87～97, 103～105, 113, 120, 132, 137, 138, 148
共通要因アプローチ　127, 131
共同的経験主義　22, 86～88, 137, 148
強迫スキーマ　106
恐怖症　142
空間恐怖　102, 103
クライエント中心療法　v, vi, 2, 5, 14, 16, 33, 34, 76, 78, 85, 91, 119～121, 125, 132, 134, 136～138, 141～143, 147
クリアリング・ア・スペース　122, 140
傾聴　14, 33, 76～78, 81, 85, 110, 114, 132, 138, 142, 148
系統的脱感作法　4, 19, 64, 119, 120, 130
ゲシュタルト療法　74, 76, 121, 128, 129, 132, 137, 141
現象学　119, 120, 122, 136
構造派家族療法　123, 128, 129
行動計画法　19
行動実験　14, 19, 62, 63, 91, 108, 136
行動主義　1, 3, 16, 144, 148
行動スケジュール表　62, 63
行動分析　19
行動療法　v, vi, 1～6, 14～16, 18, 19, 21, 61, 64, 76, 85, 92, 106, 114, 119, 120～122, 124, 125, 127～130, 132～144, 147, 148
合理主義　16, 140, 144

交流分析療法　　ii, 2, 121, 122, 125, 134, 137, 142, 143
コーピングカード　　60

さ行

催眠療法　　1, 118, 124, 142
自我心理学　　18, 118, 120, 135, 141
自己一致　　16, 79, 80, 81, 120
思考記録表　　51, 55〜57, 91, 101, 107, 108
思考停止法　　108
自己概念　　119
自己効力感　　132
自己心理学　　118, 141
自己不一致　　79, 81
自己理論　　119, 120, 136
システムズ・アプローチ　　v, 2, 125
システム理論　　121, 123, 137
システム論的アプローチ　　123
下向き矢印法　　45
自動思考　　v, vii, 3, 6, 7, 9, 11〜13, 17, 18, 22, 28, 31, 33〜49, 51〜57, 60〜64, 68〜70, 74, 93, 96, 97, 101, 104, 106〜110, 113〜115, 121, 133〜135, 145
社会構成主義　　125, 139, 140
社会心理学　　144
社会的学習理論　　3
受容　　v, 2, 14, 29, 75, 79〜81, 90, 93, 95, 97, 105, 110, 113, 120, 137, 142, 148
循環的力動療法　　127
情報処理モデル　　16
自律訓練法　　64, 101, 102
進化生物学　　144, 145
神経心理学　　145
侵入思考　　106
心理教育　　vii, 5, 13, 22〜25, 27, 31, 35, 36, 38, 41, 55, 86, 92, 93, 96, 101, 110, 115
随伴性　　2, 16, 19
スキーマ　　vii, 9, 10, 15, 22, 23, 28, 37, 41, 46, 49, 57, 58, 69, 70, 74, 96, 97, 108, 109, 113, 114, 134, 135, 143
スキーマ療法　　9〜11, 15, 57, 74
ストラテジック・アプローチ　　76, 123, 124
精神分析　　v, vi, 1, 3, 14, 15, 17, 18, 85, 117, 119, 121, 127, 128, 132, 135, 141, 143, 148
精神分析療法　　v, vii, 1〜3, 5, 17, 18, 76, 91, 92, 94, 117〜122, 124, 125, 127, 129, 133〜135, 137, 140〜142, 147
摂食障害　　9, 99, 114, 143
潜在的感作法　　4
早期不適応的スキーマ　　110, 111
ソーシャルスキル　　64
ソーシャルスキルトレーニング　　14, 130, 131, 143
ソクラテス式質問法　　vii, 5, 14, 25, 28, 33〜36, 46, 56, 59, 60, 89
素朴心理学　　17, 144
ソリューション・フォーカスト・アプローチ　　124, 125

た行

体系的折衷療法　　130, 131
体験過程　　84, 85, 122
対象関係論　　118, 120, 141
対人関係論　　118, 121, 141
大脳生理学　　145
段階的接近法　　19, 115
断定型信念　　9, 42
中核信念　　vii, 7, 8, 10, 12, 18, 33, 41, 42, 44〜46, 48, 57, 58, 110, 111
超理論的アプローチ　　128
治療関係　　vii, 2, 21, 22, 32, 33, 75, 76, 81, 85〜88, 90〜92, 94, 95, 108, 109, 113, 114, 136, 138, 147, 148
TA-ゲシュタルト療法　　121
抵抗　　66, 69, 74, 90, 93〜95, 100, 102,

106, 109, 113, 114, 130, 131
徹底的行動主義　119
転移　1, 17, 113, 135
転換性障害　142
同化的統合アプローチ　127, 132
統合失調症　6, 99, 115, 116, 143
統合・折衷的(な)心理療法　117, 127, 133, 134, 140, 141
読書療法　31, 130
ドミナントストーリー　139

な行

ナラティブセラピー　2, 125, 139, 140, 142
認知アセスメント　11, 24, 28, 29, 33, 37
認知行動療法　v, vi, 4, 6, 61, 85, 88, 89, 91, 115, 117, 119, 126, 127, 134, 136, 138, 142, 147, 148
認知主義　136, 144
認知心理学　3, 15〜17, 102, 144
認知的概念化図　7, 8, 12, 47
認知モデル　3, 5〜7, 11〜13, 15〜18, 22〜25, 27〜29, 33, 35〜37, 41, 46〜48, 86, 88, 91〜93, 99, 106, 115, 133〜135

は行

パーソナリティー障害　vii, 9, 41, 57, 58, 94, 99, 100, 109, 142, 143
媒介信念　vii, 7〜9, 12, 18, 33, 41〜48, 57〜59, 71, 104, 105, 108, 110, 111, 137
発達障害　99, 115, 133, 143
パニック障害　vii, 6, 100, 102, 103
非機能的思考記録（DTR）　13, 31, 55
非合理的信念　121, 138

不安障害　9, 99, 142, 143
フェルトセンス　122, 138
フォーカシング指向心理療法　2, 76, 121, 122, 125, 126, 134, 138, 141, 142
ブリーフセラピー　v, 2, 122〜125, 134, 140〜142
ヘルシーアダルトモード　74
ポストモダン　139, 140, 148

ま行

マイクロカウンセリング　85
マインドフルネス　2, 89, 125, 126, 139, 140, 142
マインドフルネス認知療法　126, 139
マルチモード療法　129, 131
ミラクルクエスチョン　124
無意識　1, 3, 17, 18, 92, 118〜120, 127, 128, 133, 134
メタ認知　102, 115
モードプロフィール　130
モデリング理論　4
問題解決法　53, 61
問題解決療法　85

ら行

リラクセーション　64, 114, 130
理論統合(の)アプローチ　127, 131
例外探し　124
レクリエーション　130, 143
レスポンデント条件づけ　2, 4, 18, 19
ロールプレイ　19, 40, 64〜66, 68, 128, 136
論理実証主義　136, 140, 144
論理情動行動療法　2, 121, 122, 125, 126, 128, 129, 134, 138, 142

著者略歴
東　斉彰（あずま　なりあき）
1987年　関西学院大学大学院文学研究科博士前期課程修了
1988年　大阪心理療法センター所長
1989年　九州大学医学部付属病院心療内科技官
現　職　財団法人住友病院臨床心理科主任，大阪大学大学院／龍谷大学大学院／追手門学院大学大学院／大阪経済大学大学院／関西福祉科学大学大学院非常勤講師，同志社大学・実証にもとづく心理トリートメント研究開発・普及促進センター嘱託研究員（アドバイザー），日本産業カウンセラー協会／関西カウンセリングセンター講師およびスーパーバイザー
著　書　『パーソナリティ障害の認知療法』（岩崎学術出版社，2011年，共著），『カウンセリングの成功と失敗』（創元社，1991年，分担執筆），『認知療法ケースブック』（星和書店，2003年，分担執筆），『発達臨床心理学ハンドブック』（ナカニシヤ出版，2005年，分担執筆），『これからの心理臨床』（ナカニシヤ出版，2007年，分担執筆），
訳　書　『行動療法の展開』（二瓶社，1999年，共訳），『うつを克服する10のステップ　セラピスト・マニュアル／ユーザー・マニュアル』（金剛出版，2010年，監訳）

統合的観点から見た
認知療法の実践
―理論，技法，治療関係―
ISBN978-4-7533-1031-9

著　者
東　斉彰

2011年9月29日　第1刷発行

印刷　新協印刷㈱　／　製本　中條製本工場㈱

発行所　㈱岩崎学術出版社　〒112-0005　東京都文京区水道1-9-2
発行者　村上　学
電話 03(5805)6623　FAX 03(3816)5123
©2011　岩崎学術出版社
乱丁・落丁本はおとりかえいたします　検印省略

認知療法――精神療法の新しい発展
A. T. ベック著　大野裕訳
読み継がれる認知療法の古典的名著　　　　　　　　　　　本体 5,000 円

うつ病の認知療法 ［新版］
A. T. ベックほか著　坂野雄二監訳
「認知療法の原典」待望の新版・復刻　　　　　　　　　　本体 5,700 円

改訂第2版 パーソナリティ障害の認知療法 ［全訳版］
A. T. ベック／A. フリーマンほか著　井上和臣／友竹正人監訳
認知療法の新しい地平を拓いた著作　　　　　　　　　　　本体 5,200 円

パーソナリティ障害の認知療法――ケースから学ぶ臨床の実際
井上和臣編著
パーソナリティ障害にCBTを適用する意欲的試み　　　　　本体 3,000 円

集中講義・精神分析㊤㊦
藤山直樹著
フロイトの仕事と彼以後を平易に語る精神分析の入門講義　本体各 2,700 円

ロジャーズ主要著作集（全3巻）
C. R. ロジャーズ著　末武康弘／保坂亨／諸富祥彦共訳
　1巻　カウンセリングと心理療法　　　　　　　　　　　本体 7,000 円
　2巻　クライアント中心療法　　　　　　　　　　　　　本体 6,300 円
　3巻　ロジャーズが語る自己実現の道　　　　　　　　　本体 6,200 円

フォーカシングの原点と臨床的展開
諸富祥彦編著
フォーカシングの哲学から臨床までの骨太な論考　　　　　本体 3,800 円

実践論理療法入門――カウンセリングを学ぶ人のために
W. ドライデン／R. デジサッピ著　菅沼憲治訳
REBTについての体系的な入門テキスト　　　　　　　　　本体 2,000 円

この本体価格に消費税が加算されます。定価は変わることがあります。